U0051955

觀世音傳奇

【目錄】

壹 佛遣四聖

詩曰：

混沌初分盤古現，模地範天完夙願，女媧摶土化為人，斷鰲立極乾坤奠。子牙封神建天宮，太上道祖位望隆。西方靈山極樂地，佛祖釋迦號大雄。道魔自古相生滅，阿修羅出亂世界，中土眾生淪苦劫，水火疫兵迭相害。孔孟之教應帝王，亂多治少紊紀綱，佛法東來救其弊，四大菩薩立道場。文殊五臺開靈境，普賢峨眉遙相應，地藏卓錫九華山，慈航說法潮音洞。四聖渡世誰最親，萬眾歸心紫竹木，居士秉筆頌靈異，單說那救苦救難觀世音。

卻說西天靈鷲山乃是極樂世界，佛國勝境。那釋迦牟尼尊者、現在佛、如來佛祖就居住於此山大雷音寶剎。自從在畢鉢羅樹下修成正果，身證無上大菩提以後，無所從來，亦無所去，不生不滅，只在每月朔望，召集諸佛、阿羅漢、菩薩、謁諦、金剛、比丘僧、尼，敷演大乘經義，無上妙法。每當說法時，但見那天龍圍繞，花雨繽紛。正是：「修成舍利名胎息，清靜極樂是西方。」這種歲月，不知經歷了幾個甲子，幾劫幾世。

這一天，也非如來敷坐開講之日，那佛祖卻率領諸佛及菩薩、阿羅漢站立靈山頂上，運慧目向東極紅塵滾滾之處凝望。望了一陣，輕輕搖了搖頭，又點了點頭。大弟子迦葉在旁，問道：「世尊遙望東方搖頭，何也？想必那一方人未曾弘揚我教，故此未脫六道輪迴之苦。怎地又連連點頭？弟子實在不解。」

佛祖聽了，看了一旁侍立的八大菩薩一眼，只是含笑不語。

次日，大雷音寺中鳴金鐘、響玉磬。不久，那八菩薩、四金剛、五百羅漢、三千揭諦、十一大羅、十八伽藍、比丘僧、比丘尼、優婆夷、優婆塞諸天聖眾，齊聚九品蓮臺之前欲聽如來說法。誰料如來升坐之後，不講三乘妙諦、七寶神通，卻閒閒從昨日山頂瞭望說起。

「昨日我偶然見到，東天有一股魔煞之氣，瀰漫高空，聚而不散，方看出那是天魔混世，在彼方作祟……」

八菩薩中大勢至菩薩忍不住插語，他合掌禮佛，問道：「敢問何謂天魔混世？」

如來佛說：「善哉，我今時正要爾等周知此事。這要從過去劫中說起。過去劫將完時，我教中教主為接引佛祖，我的法號名叫准提。距今約二十甲子，南贍部洲有一中華古國，國中商周二王大動干戈，爭相主宰閻浮世界（注一）。彼邦有闡、截二教，分別相助二王，以神通法術相爭鬥。我已算出過去劫將盡，現在劫即臨，我當為現在佛，代替接引教主，弘揚我西方聖教。而那闡、截兩教門下弟子，除了應劫者外，多與我教有緣。便請准佛祖，同往中土闡教，滅商興周，乘機渡脫無量有緣之士。

「我接掌本教後，印度佛法大興。誰料東土截教的通天教主雖戰敗，不忿那闡教的惟我獨尊，便廣收弟子，建立魔教與之抗衡。他改名大阿修羅，人或稱之為大自在天，彼教又被稱為阿修羅教，我教稱之為外道魔王。這魔王每隔五百年，便派遣眾多弟子去東土大肆淫虐，犯下無邊殺戒，使得眾生痛苦不堪。最近聞知我教漸漸化行東土，揚言派遣有大神通的天魔向我尋釁。我昨日運慧光察明魔教又將謫降中土作亂，不由得為此而搖頭。這便是天魔混世之劫。」

八菩薩中的虛空藏尊者向前問道：「如來至尊應現在劫降生之時，嘗聞身放毫光，指天畫地，作獅子吼，言天上地下，惟我獨尊。如今邪魔外道生心滅法，妄自尊大，我佛何不運大法力、布大網羅，一舉而殄滅之？」

佛祖呵呵笑道：「你枉自證菩薩果，卻不解道魔自來互為消長。我教只能以大定力戰勝群魔，以大悲心渡化諸魔，卻不能將他們殄滅淨盡。」

「這是為何？」二弟子阿難越眾而出，問道：「既然定力足以制魔，怎的還留著他們擾亂人間？哦，是了，莫非留著他們藉以考驗弟子們的道力？」

佛祖說：「不可說，不可說。」

大弟子迦葉說：「弟子明白世尊昨日點頭的意思了。莫非要委派教下護法弟子去東土降魔、救眾生於苦厄之中？」

如來說：「日前我運智慧光，遍察三界。算出我教又要應劫而興，此事就落在東土。那東土受尊崇者原來並非太道祖所傳之教，而是約在八甲子前孔丘創始的儒教。原來儒教不解得無生無滅，不解得般若涅槃，只能以五常教義演人世法，想要在芸芸眾生、擾擾世界中強自理出一個秩序來，豈不知他那以欲止欲之法，只能引得眾生追逐名利，大興殺伐攘奪之心，所以道祖老子說：『聖人不死，大盜不止。』那阿修羅便利用他們的名韁利鎖，大弄手段，使得正論不興、妖言惑眾，多欲多貪、多爭多殺。可是剝極必復，道長魔消，也正是我教傳布東土、興正祛邪的時機。我打算，派出四位菩薩去東土，一面以大神通大定力降魔，一面建立道場，傳經說法，濟世渡人……」說到這裡停了一停，望了八大菩薩一眼，又說：「這乃是天大的福緣，但既然阿修羅誓言與我教為敵，就又會遇到天大的魔難。不知你們之中，哪個肯發宏願，往東土成此莫大的功德。」

首先，文殊舍利菩薩口誦佛號，頂禮如來說：「弟子願去。」

如來問道：「你發何等誓願？」

文殊虔心回答：「弟子願以佛門大智，渡化那裡的眾生。」

如來說：「以智慧降魔，以辯才化迷。好、好，你去北方擇一名山，可以稱作大智尊者。」

第二個出來的是普賢三曼多跋陀羅菩薩，他說：「弟子曾發過十種廣大行願，要為我教弘法。為此，願去東土。」

如來說：「你本來具有理德、行德、學德於行。好、好，你去西南方擇一名山，可以稱作大行尊者。」

第三個出來的是觀自在菩薩，他說：「弟子願去中土，不過卻以為，大智大行，只是化渡眾生的手段，所渡者多是有緣的人。弟子主張隨類化渡，人不分貴賤賢愚，都是有緣。弟子也不必非渡化他們歸於我教下不可，卻願意解除一切人的苦難。」

如來聽了，口稱「善哉，善哉」，卻問：「你怎能得知一切人之苦難呢？」

觀自在想了想說：「弟子每救一人之苦難，就讓他廣為宣揚：凡有苦難者，口誦弟子名號，不論何方，或親身，或化身，必前往救助。」

如來聽了深為讚許，說：「自我教興盛以來，還沒有一位佛、菩薩像你這樣發願宏大的。但你可知，這樣做，正遭魔教大忌，怕是你一成道，就得經歷三次魔劫，還得經由輪迴轉世，處處群魔環伺，一個不慎，就會敗道，你可省得？」

觀自在說：「弟子既已發出誓願，就不畏天魔敗道。」

如來說：「善哉、善哉，你既願立此大功德，我首先賜你天眼通，凡世人有災難，誦你名號，你便能遙觀其音聲，予以救助。在輪迴轉生之前，賜你降魔三寶和三十三化身密法。你去東方擇一名山，我賜你名號曰大慈大悲救難觀世音菩薩大悲尊者。」

觀世音聽了，口誦佛號，稽首禮拜，然後退立一旁。

最後是地藏菩薩出來，他說：「世尊知道，弟子曾發過宏願：一切六道輪迴中眾生沒有渡盡，誓不成佛，應該是東土也包括在內，故此，也願去那方一觀。」

如來說：「你的功德不減於觀世音，將來成佛雖在最後，可也少卻許多魔難。你可去南方覓一名山，不必久駐幽冥地獄，我賜汝號為大願尊者。」

九品蓮臺之前佛門諸弟子見四大菩薩奉了佛祖法諭，前往中土渡化眾生，俱都頂禮讚歎，口誦佛號而散。眾中只留下了四大菩薩及阿難與迦葉。佛祖首先向文殊、普賢、地藏指示各地名山，命他們親自探看，擇一勝地，示現靈異，然後建立道場，誦經說法，於善男信女中，擇根基謹厚者收為弟子，開宗立派。諸事有成之後，來靈山報命，嗣後往來於兩地之間。三菩薩領命去了，蓮臺下獨獨留下觀世音菩薩。

如來對阿難說：「你去寶庫中，將那第四庫的三件法寶取來。」阿難領命去了。

如來說：「迦葉，你將觀自在的羊脂玉淨瓶去八功德池灌滿法水，再就池邊柳樹折一嫩枝兒插入瓶中，取來。」迦葉也領命去了。

如來下了蓮臺，對觀音說：「我欲傳你天眼通和身外化身之法，怎奈此法為我教中草藥降魔證道大法，照例不傳六耳，因此將阿難、迦葉打發走了。你過來，我傳與你真言。法寶拿來後，你悄悄地去那優缽花深處自行習練，三日練成，再來見我，我有臨別偈子贈你。聽了，好去經輪迴中轉世。」當下低聲密傳了真言。菩薩本具大智慧，一聽便解，當下記熟，謝了佛祖。

阿難、迦葉二尊者次第來到。

如來從阿難手托的紫晶盤中首先取出一顆現七色光、呈旃檀香的明珠，托於掌上，說：「此名旃檀般若珠，又稱慧珠，佩在身上，萬邪不侵，就是阿修羅親自來犯，只要此珠不離身，他也奈何不得。倘若依照我所傳的禪身之法，修練得與法身元神相合，便隨時放出慧光，於動念間可以降魔除邪。」說完一揚手，那寶珠飛向觀音，填入他兩目之間、額頭之上；七色光彩頓息，視之若有若無。

如來又取一碧玉透明的指環，命觀音帶於左手中指上，說：「此寶名無相環，無幽不燭，所照之處，物無遁形。那阿修羅教中有一輩天魔，來時無形無聲，藉七情六欲以敗道。便是有菩薩品位，心靈也不生警兆，只有這無相環能使他還無相為有相。此天魔最畏人見其形，只要一現形，立即遁逃於千里之外。此環你也不可須臾離身，只要見它無緣無故碧光一現，左手挽我所傳的示現訣印，就可迫使天魔現形。」

觀音面現難色說：「弟子聽說那東土的女子，常以指環為飾，弟子男身，若戴此物，豈不為人所笑？」

佛祖笑道：「我素日講經，常說無人相、無我相，你何必執著男體女體？再說你降臨中界，就有法、化、報三身。法身一成道後不可變易，我教下既有比丘尼，菩薩中又何妨有一個女子。你三十三化身中有男有女，莫非為了怕人恥笑，便不用女子化身？至於報身，不能久住，又管他男體女體？你既發願救眾生一切苦難，有時化生女體，諸多方便。」

觀音趕緊合掌謝過：「是弟子過於執著，蒙世尊點化。」

如來又取一個尺許長的金光小杵，指點著說：「它叫加持寶杵，具有極大威力。過去劫中我曾用以降服孔雀大明王。我想你雖發願大慈大悲，遇到那不可渡化的混世妖魔，有時又不能不開殺戒，所以賜你此寶，不過用時應慎之又慎。」又從迦葉手中取來玉淨瓶，雙手捧著，口誦佛咒。片刻之後交與觀音說：「此寶原是你成道時所用，如今我以八功德池中水，化為甘露，供你在東土醫治跛瘸聾瞽，身患百病之人，藉以宏揚我教。」

觀音接了四寶之後，頂禮謝過佛祖，轉過身默默向優缽花池走去。阿難笑道：「好個觀自在，得了佛寶之後，忙忙地走了。你走得慢一些，難道有人搶了你的？」

迦葉說：「他見機哩，他不怕搶，卻怕那些有貪欲的人硬要分一件，那時他怎的降魔？」

「我有貪欲嗎？」

如來說：「你們兩人分別把文殊、普賢喚來，我還有話吩咐。他們要問著觀世音，莫說賜寶的事。」

三日以後，如來以心靈傳聲喚觀世音菩薩去妙音岩相見。那妙音岩是僅次於靈鷲的高峰。觀音身背加持寶杵，手托玉淨瓶駕祥光飛上岩頂，但見如來佛正在結跏趺坐（注二），便也就在如來對面趺坐，運起禪定之功。忽覺身元神離體，與如來同立雲端。

如來手指地面一城說：「此是北闕國，屬我西牛賀洲，你在轉生中土之前，要降生此地……」

觀音接著說：「為妙莊王婆伽第三女。」

如來微微一笑：「你的天眼通已經練成，可察看過去未來了，不知能前知幾年的事？」

觀音說：「弟子道力不足，僅能預見到北闕國這一劫的事，尚且不能察見魔神要用何種方法加害弟子。」

如來點頭：「這就夠了，阿修羅教下的行事本來無形無聲，不管相隔幾千里，念動即至。正因為不能預知，方能考驗你的道力和因應的智慧。不過，轉世為女身，是不是非你所願？」

觀音說：「世尊已然昭示，報身不常住，管他示現為男體女體，弟子已不計較了。」

如來又問：「如果連你的法身也永遠以女身示現，你也不計較嗎？」

觀音怔了一怔，然後如有所悟：「法身、化身、報身同為色身，解得色即是空，從此心無掛罣礙。」

如來說：「善哉善哉，於法於相，俱無所在，是為菩薩。」於是，說一偈子：

離辱離垢，護法袪魔。非所有相，是超三劫。
解脫苦難，遍歷人天。佛法東被，源我靈山。
玉瓶淨世，紫竹成林。南海顯聖，惟觀世音。

二聖相視一笑，元神復體，一齊出定。觀音於是五體投地，和南禮佛（注三），然後稟告：「詳世尊之意，此後東土即是弟子長住之所。此番轉生之前，需對惠岸行者及日常聽經的白鸚鵡作安置。一切妥貼，再來拜辭世尊，經由輪迴轉世。」如來點頭作答。於是觀音起身，縱祥光向素潛修的無憂無岩慈般洞飛去。

到得洞外，見傳法的惟一弟子惠岸行者正手指兩口吳鉤劍，化作一紅一白、各長丈許的光華縱橫飛舞。那白鸚鵡站立在一旁菩提樹高枝上，忽嬌聲喊道：「停、停、師父來了。」惠岸連忙收了劍光。

觀音按落雲頭，問道：「你多年來在我門下，只是誦經聽法，今日怎的又習練起這兵器來？」

惠岸躬身答道：「三日前，長兄來看弟子，道是要隨文殊師伯去往東土興教傳法。又說師父也去，而且發下宏願，救助那方人士一切苦難。弟子自然要跟隨前去了……」說到這裡，白鸚鵡插了一句：「還有雪兒，也要去。」

惠岸接著說：「弟子還聽說，東土有什麼天魔頭們知道我佛法無邊，不敢輕易進犯。」

觀音有些不以為然：「你父乃是天宮執掌十萬天兵的元帥，你雖入我西方慈悲之教，然殺伐爭勝的心卻一直沒有泯沒淨盡。帶你去東土，我倒有些不放心了。須知此去是以救助眾生苦難為主，降魔衛道，是不得已而為的。」

惠岸辯道：「既有天魔混世，降妖除魔豈不是頭等大事？」

觀音正色道：「我正要將這件事告訴你。今日敬奉佛祖面論，天魔之教與我西方釋教、東土道教，自過去劫中就屬敵對不解之勢，且互為消長。要除掉他，勢有所不能。我們在東土弘教，為天魔所擾時，頭等功德，當然是馴服他皈依我教。其次是借助法力，以定力智慧超劫，即可證更高品位。最下一等是純以法力與他爭鬥角勝，其結果常常是兩敗俱傷。你要謹記教論，不妄開殺戒，我就允許你在東土成道，否則……」

惠岸忙說：「弟子一切遵奉師父教誨便是。」

觀音說：「如此你可先去吳天金闕歸省，將此事告知你父親，請求他緊急時助你。然後降臨東土中華之邦，擇一名山勝區，最好遠離人文繁華之處，帶領雪兒，在那裡虔修，順便積些功德。我經由輪迴轉世，頂多二十年必到東土，你探知消息，便來尋我。」

惠岸心中大悅，喜孜孜地答應了一個：「是。」

「還有一事要你記牢，我這次轉世，恐怕連法身帶報身都要改變，見面時你須認不得。更怕有魔頭變成我的容貌誘你相從。這是佛祖賜與的三寶。」菩薩說著手挽靈訣一揚，額頭寶珠立現七彩慧光，宛如繽紛天雨，將菩薩全身罩住。接著又將左手向上一揚，陡見一團碧光，當空飛起，映得數十丈內，天地俱呈青碧之色。菩薩行法收去二寶。右手一招，背後加持寶杵化做一條四爪金龍，矯天飛起，口噴十丈純陽烈火。菩薩恐怕燒毀靈山景物，立即招手收回；接著說：「外道妖魔，無法偽造此寶。故見此三寶，即如見我之面。」

惠岸與白鸚鵡雪兒齊聲說：「弟子記下了。」惠岸又說：「弟子想等待師父轉世之後，見上一面，再去天宮省父，行嗎？」

菩薩說：「不可，我轉世的事，不能傳揚出去。」又取出楊枝、玉淨瓶，傳了用法說：「此寶用處甚大，務須好好為我保存。」又看了惠岸和白鸚鵡一眼，說：「你們去吧！」

惠岸和南頂禮，雪兒繞著菩薩飛了三圈。然後惠岸足底生雲，白鸚鵡棲向他肩頭，一齊升入高空。

注一：閻浮世界，即梵語中的閻浮提，意指南贍部洲。

注二：結跏，佛教徒坐禪的姿勢。即交疊左右足背於左右股上而坐。《洛陽伽藍記．卷一．景林寺》：靜行之僧，繩坐其內，餐風服道，結跏數息。趺坐，兩腳盤腿打坐。〈唐．王維．登辨覺寺詩〉：軟草從趺坐，長松響梵聲。《醒世恆言．卷四．灌園叟晚逢仙女》：秋公正在房中趺坐，忽然祥風微熱，彩雲如蒸。

注三：和南，梵語作vand。古印度人對長上問候用語，表示敬禮、恭敬之意。此用語亦流行於佛教團體。《唐．玄奘．答中印度僧智光書》：并有片物供養，願垂納受，路遠不得多，莫嫌鮮薄，玄奘和南。

貳 觀音出世

卻說那北闕國，位於西牛賀洲北方，是個蕞爾小國。國王妙莊王性暴好殺，妻子伯牙氏，是鄰國彼瞻婆的公主，生性仁柔，不敢違拗夫君。二人年已三十餘歲，伯牙氏生有二女，長女妙清，這年已是十歲。次女妙音，七歲。自從生了妙音之後，不但伯牙氏，就連後宮嬪妃再無一人受孕坐胎。偏巧妙莊王一次田獵之時，追逐一狐，在山坡上掉下馬來，摔傷一手，便急於得一太子，傳位於他。

北闕國位於西土，國人多信奉佛教，唯有妙莊王婆伽，一心信仰婆羅門教，國中養著十餘名婆羅門祭司，婆伽對他們言聽計從。三年前，他聽了一個祭司的話，向婆羅門大神大自在天祈禱，祈求子息，但是沒有效果。去年，王后偷偷向佛寺布施，並求賜個兒子。這一次的效果立竿見影，不久她就懷了孕。妙莊王知道了王后向寺廟許願的事，求子心切，也就容忍了。

誰知懷孕期滿，生下來的又是一個女嬰。那女嬰降生時異香滿座，霞光遍室，眾人稱異，這才令妙莊王打消了把女嬰溺死的念頭，但仍然氣得不肯給女嬰起個名字。

王后只得自己給女兒命名為妙善。當她給妙善哺乳之時，慢慢發現了此女幾點異常之處，第一，女兒雖然幼小，已然令人覺得容貌十分端麗，並且體白如玉，周身無有一點黑痣瑕痕。第二，見人只是微笑，從來不哭。第三，最奇特的是她額前有一處青色特白，宛如一顆玉珠。左上臂不知何人畫上一條金色小龍，十分靈動，好似隨時可離臂飛起。左手中指，一圈碧色，像戴上了一個指環。

一夜陰雨，夜色漆黑，妙善身上奇異三處卻陸續放出微光，光雖微弱，十分祥和，使王后頓覺心頭寧靜，一切煩惱之念頓時消釋。微光延續了不長時間漸漸淡去，王后這一夜卻睡得十分舒暢。她本有心疼宿疾，從此在不知不覺間消失了。

過了幾天，她更發覺這個女兒有些不平常，因為她向旁人講了那一晚的事，並讓人去指認女兒身上靈異之處時，卻發現那珠啊、指環啊、小金龍啊都不見。要不是幾天以後午夜，身旁沒有他人時，奇異的光又出現一次，並且消除了她背部生出來的，令她疼痛不已的疽癬時，她幾乎把第一次的遭遇當成了夢境。

對於這個非凡的女兒，她是一則以懼，一則以善。懼的是丈夫得知這回生的又是女兒之後，已經大為氣憤，不但未曾看過一次親女兒，還揚言要把她送與貧民收養。加上風聞一個婆羅門祭司無端說他這小女兒是外道邪魔降生，將不利於父親，唆使將她殺掉，便越發不敢將這些靈跡告知妙莊王。喜的是小女兒是自己在佛寺布施之後懷胎的，說不定她是佛祖賜福於自己，因為自己一向百病叢生，她定是為解除自己三災八難而來的。於是，暗暗發願：保護這個女兒，一定要她無災無難地長大成人。

妙善九歲時，大姐妙清擇人出嫁；十一歲時，二姐妙音也嫁人了。此後漸漸有人來給妙善提親事。妙善對母親說，自己願長在家中修菩薩行，不願嫁人。

王后多年以來，再沒有災災病病，因此特別鍾愛這個女兒，依著她，對一切說親的事都婉言謝絕。妙善公主又言行謹慎，平日多在室中靜坐，除母親及侍婢外，不與他人交言。整年不離後宮，聞聽父親來王后處，便悄悄躲入自己住室。

時間久了，妙莊王體健如恆，又納了幾名美女嬪妃，企圖生個王子，早把那個旁人說成外道妖魔降生的女兒淡忘了。偶爾聽說王后不給女兒擇偶的話，也不放在心上。

看看妙善十三歲了，這樣年歲的少女已經可以出嫁。

也是合當有事。鄰國尼彌多王二王子受了由妙莊王派往尼彌多國通好的祭司鼓動，說妙莊王的三公主美麗異常，妙莊王沒有太子，娶了這位公主，又可以繼承妙莊王位，便請准父王帶了禮物去向妙莊王求婚。妙莊聞知他不但是婆羅門，還是大神大自在天的兒子大荒神的弟子，便答應了，叫他擇日迎娶妙善。

妙善聽了，仍然不願意出嫁。

伯牙氏王后覺得女兒大了，不應當再留在身邊，便也苦勸女兒。妙善拒絕了多次，最後說自己從幼年起，夢中有如來世尊傳法，就皈依了佛教，誓以肉體成道，不能嫁人。王后聽了，不敢再勸女兒，卻又著實為難，尼彌多王子還在等回音，不得已，實話實說一股腦兒告訴了妙莊王。

妙莊王聽了，無名火頓起。尼彌多王兵馬強盛，聽說早有吞併之心。這次原打算借兒女聯姻之事化解一下，想不到滿心成算，被女兒破了。便又想起早年那個祭司說的，此女將不利於自己，如今預言應驗了，他雖然不再起殺掉女兒的念頭，卻想壓著她允准親事。於是也不與王后商議，大步進入後宮，氣呼呼走入女兒房中。

妙善正在屋中一個蒲團上跏趺而坐，雙手似乎挽著一個什麼訣印。看見父王進來，十分寧靜地站起，喚了一聲「父王」，便沉默不語了。妙莊王見女兒房中布置十分寒素簡陋，只有少數的坐臥用具，渾不似一個公主的臥房，氣便有些消了。妙善請他坐，二人對面而立。

妙莊王問道：「尼彌多王子來求結姻，聽說妳竟敢不答應。」

「女兒不是不答應，是此生不願意嫁人。」

「為什麼？」

「女兒已皈依佛門，算是出家了。」

「出家？那妳為什麼還住在這裡，由父母供養著？」

「女兒暫時留在家中，只是因為父母之恩未報，一旦報了恩，便可離家修行。不過，如果父王要趕走女兒，也可以暫時離開，時機到了，再回來報恩。」

「離開，我為什麼要妳離開？我要妳幾天之內出嫁。我家修婆羅門法，什麼佛法，那是邪魔外道。妳不要離開屋子，五天後我取妳的回話。」說完，他又大踏步走了出去，到王后處說了會面的情況，吩咐王后：「我要派人守住她的住室，不送食物飲水給她，教訓她一次，妳不許派人或自行看望她。違拗了我，一刀殺了她。」回到前殿，他派了一百多兵丁，分作兩班，團團圍住妙善的住室，晝夜巡邏，不許任何人出入。

過了兩天，他叫去兵士頭目詢問。那人說：「沒有一個人接近屋子。屋內靜靜的，一點聲息都沒有。巡邏的士卒，有人從窗中偷看，見那公主只是在蒲團上坐地。幾次偷看，毫無變化。」妙莊王聽了，悶悶不樂。

五天到了，妙莊王去看女兒。料不到竟然和上次一樣，女兒仍是虔心趺坐，仍是寧靜地站起，口呼「父王」見禮。妙莊王仔細看她容貌，一切如常，衣裳也穿得整整齊齊的，全沒有一點憔悴的模樣。妙莊王不暇去想為何五日水米未進，女兒全無衰弱之態，只是嚴然地問道：「妳想好了嗎，可肯依從父母之命出嫁？」

「女兒早說過了，既入佛門，誓不嫁人。」

妙莊王的火氣又被惹起：「妳不聽從父母之命，我著人殺了妳。」這回也不和王后商量了，立刻派了一名久慣行刑、殺人無數的武士，命他取公主的首級來見。不一會兒，武士空著手回來，說是要進公主住室時，便被一股無形的大力擋住，怎麼闖也闖不進去。又圍著房子轉了一圈，到處都有那股力量擋住。

妙莊王聽了更加光火，斥退武士，派了十名兵丁將屋前屋後堆滿柴草，命令舉火連人帶屋子一齊燒掉。又不久，十名兵丁的首領沮喪地來報，無論用了什麼方法，總燃不起火來。正說著，一陣大風捲地而來，天昏地暗，塵砂飛揚，好一陣才風定砂落，天色明朗。又有士兵報來，堆積在公主屋前後的柴草被風捲入空中，不知去向。

妙莊王無可奈何了，他想讓王妃再去勸勸女兒。王妃感到十分為難，道是已經對女兒動用了殺頭火焚的手段，還有什麼勸不勸的。她反而勸丈夫，不如回絕了尼彌多的二王子，暫且聽任女兒在自己屋中修持。倘真個終生不嫁，就讓她出家為比丘尼也好。妙莊王雖然不同意王后的話，但是眼前自己是束手無策，尼彌多的二王子還在驛館等候消息，無論如何也該給人家一個回音。於是，親臨驛館拜訪王子，吞吞吐吐的把女兒一心禮佛、不願出嫁的事說了出來。

那個王子名叫薩訶多，有些傲慢，他國兵強馬壯，且又具有婆羅門的神通，自大是免不了的。他聽到了妙莊王對公主始則命令，進而敦勸，終於動武卻失敗的消息，很想乘機顯示一下自己的本領，降伏公主，鎮懾國王，以為異日奪取北闕國基業的張本。聽妙莊王最後說出正在慢慢疏導女兒、王子不妨暫且回國等待的話時，便哈哈一笑說：「妙善公主身為女子，怎能終身不嫁，想必不知被什麼邪魔外道迷住靈智，言行全都不由自己。小侄曾學會濕婆大神降魔之法，願意破除邪法，救出公主。」

妙莊王聽了大喜，說：「好、好，有勞王子。救出小女之後，便可將她帶回貴國，擇日成親。不過，王子降魔，還需要什麼兵杖法器之類器物？」

薩訶多說：「只需一同到公主居住的地方，當面行法。」

妙莊王帶了幾名宮中侍衛，同薩訶多一齊來到妙善所住的屋子外面，但見門窗大開，遙遙看妙善仍自在蒲團上趺坐。周圍幾十個兵丁繞屋來往巡邏，大有警衛森嚴的意味。妙莊王怕他們看見薩訶多用法術擒住女兒，傳出去不好聽，連警衛一起喝斥走了。

那薩訶多正注目屋子，滿臉迷惑之色。

妙莊王問他：「可看出是何等邪魔外道作祟？」

他答說：「待我試上一試。」他面向屋門，取正子午方位，雙手一搓，向前一揚。立刻，手心中飛出無數朵綠火，彼此在空中互撞，轟的一聲，合成一片烈火，火焰赤紅，向屋子圍了過去。

妙莊王一見，啊了一聲。他嗔念動時，雖然也曾生出殺死女兒之心，嗔念一止，到底有幾分骨肉之情。

誰料烈火湧向距離屋子數尺之地時，似被什麼東西擋住，接著，由濃而淡，由淡化為烏有。那屋子依然青磚黃瓦，碧窗朱柱，矗立在那裡。薩訶多當那火逐漸化去時，雙手連招，想著收回一些來，怎奈絲毫無效；由不得面上一紅，現出羞愧之色。

他看了妙莊王一眼，喃喃地不知說了幾句什麼，向寬袍取出一個革囊，用手一拍，革囊開處，千百金星迎風飛來，一點金星化作一口三、四寸長的玲瓏金刀，霞光閃閃，分向屋門和窗門口飛去。還未飛到，門窗中飛出了萬朵青蓮，一朵蓮花裹住一口金刀，一齊飛向高空。不消片刻，薩訶多革囊中再也沒有金星飛出，屋內也不再湧出青蓮。氣得薩訶多將革囊向地下一丟。

妙莊王有些明白了，女兒是不是邪魔外道且不說，自己一向信仰的婆羅門大神卻並非法力無邊。於是，再一次勸薩訶多：「王子既然一時降魔無功，還是暫時回國的好。小女年紀不算太大，過個一兩年，她要是回心轉意，願意出嫁時，還與貴國作親。如何？」

薩訶多臉一陣紅、一陣白，沉默了一會兒，才說：「外道魔法，竟敢與婆羅門為敵，這是不能輕易放過的。議親的事可以不談，這個妖女必須擒回去交濕婆大神發落。這女子無非是妖魔寄生你家，不必痛惜她。」說完，不管妙莊王是否允准，又去袍袖中取出一個數寸長的木像，雙手奉著，口念梵咒，持誦了一番，然後咬破舌尖，一口血光噴出，平地立刻湧起一團餘方圓的暗赤色光華，光中現出個夜叉，但見它紅髮鋸齒，鳥喙鷹爪，手持帶有芒角的鐵輪，口噴黑煙。薩訶多用手一指，夜叉立刻向屋子撲去。

卻聽屋中妙善說道：「我一直以大慈悲心相待，本願渡你歸入我西方淨土，你執迷不悟，如今又欲以大自在天教下的飛天夜叉相害。這個惡鬼忒已毒惡，不能留它在中界禍害眾生，我借佛家顯力，將它除去吧！」說完，屋中飛出一條小小的金龍，剛到外面，立刻漲大數十倍。它一爪便將夜叉的鐵輪抓去。夜叉一張口，噴出一個火珠去燒那金龍。金龍也一張口，一道杵形金光，迎著火珠，將它擊碎，化為萬點紅星，墮落地上；又當頭向夜叉擊去。夜叉想躲，哪裡來得及。只擊得夜叉散作團團血光，落地後卻是幾小段碎木片。

妙莊王看得發怔，忽聽薩訶多大叫一聲，口噴鮮血，倒了下去。

妙莊王嚇得手足無措。滿空金霞齊斂，那條矯天飛舞的金龍不見了，卻聽得妙善的聲音遠遠傳來：「這小王子不該將自己真元附於惡鬼之體，連帶被我加持寶杵擊傷。只須將他送回去，自會慢慢地好起來。」

送走薩訶多王子之後，妙莊王雖然改變了對女兒的看法，卻不料三公主降魔的事傳了出去。從此，國中信仰佛法的善男善女就不住地來到皇宮，有的求法，有的求公主賜福，有的只是想見一下公主，頂禮膜拜一番。弄得宮城警衛極力勸阻，應接不暇。妙莊王和王后商議一番之後，擇一尼庵，送公主帶髮出家。

一晃三年過去，三年中，妙莊王日漸衰老，又染上眼疾，雖然聽說女兒許多靈異之事，卻無心抽暇前往看望。王后去看望了幾次，回來說起，女兒越端莊豔麗了。並且轉達女兒的一句話：「為了報生育之恩，不久將回宮看望父王。」

一天，妙莊王在宮苑菩提樹下坐地。天上無雲，忽然一聲霹靂，似要擊向樹上。國王一驚，隨聲震倒地上。待王妃遣兩名宮女扶起時，人已昏迷，且是手足拘攣（注四），站立不直了。扶向後宮，王后急忙傳醫人診治。不久甦醒過來，聽到后妃在交談，覺得身在臥榻之上，待張眼看時，卻是一片漆黑，便問：「屋裡漆黑，怎麼不掌燈？」

王后在旁聽得奇怪，便說：「如今是白晝，何用掌燈？」

妙莊王突然大叫：「啊，我的眼，我的眼……看不見了！」

國王四肢拘攣，雙目全盲，急得朝臣多來探望，廣薦良醫，亂紛紛地交替出入後宮。有名無名的藥吃了不少，妙莊王又著人去婆羅門寺院，向大神許下布施宏願，怎奈全無效驗，病狀反而日漸沉重。

這一日，王后忽然想起女兒的話，心中一動，吩咐王妃好好伺候大王，自己帶了一名侍婢悄悄去了女兒修行之處。她剛走不久，掌管宮門的官員陪了一位大臣來見妙莊王。

那大臣啟奏說：「尼彌多王聞知大王患病，薦了一位良醫，道是無論什麼重症，都能著手回春（注五）。可否請他入宮療疾？」

妙莊王正應了那句「病急亂投醫」的話，有氣無力地說：「快請他進來。」

進來的是一個婆羅門僧侶，他大模大樣，進得屋來並不向妙莊王行禮，甚至也不問病因病情，卻古怪地仰起頭來皺著個鼻子四下亂嗅，嗅了一陣，突然沒頭沒腦地說：「只要依了我的話，大王的病立即可以治好。」

妙莊王聽了，一改懨懨之態，忙問：「大祭司，只要醫得好我的病，什麼事都依你。」

「那就好，你如今可派人去宮門等著，有三個女子就要入宮，不要兩個年紀大的，只把年紀最小的那個捉住，割下她的一對眼珠，剁下她的一雙手，取來由我和藥。服下這藥，你的身體立即強壯如初，雙眼也可以復明。」

妙莊王急於治好自己的病，不暇多問這三個女子是什麼人，便吩咐派三名侍衛去辦這件事。

等了一會兒，一名侍衛急急回來報知說：「原來回宮的是王后和公主、還有一個侍婢。要取雙手和雙眼的是公主，公主願獻出手和眼，王后阻攔著不讓動手。」

妙莊王還未回答，那婆羅門僧厲聲說：「這個女子乃是邪魔外道，大王的疾病由她而起。不趁此時取她手眼，只怕大王的病永遠治不好了。」正說著，一陣雜沓的腳步聲直響到妙莊王病榻前。只聽得一個少女朗聲說：「為了報父親生育的恩情，女兒情願獻出雙手雙眼。」

王后聽了，急忙攔阻：「女兒不可。」接著，侍婢和侍衛同時大叫了一聲：「啊呀！」

一個微弱的聲音說：「你去和藥吧，我認識你。」接著又有人摔倒地上的聲音，有王后哭女兒的聲音……忙亂了好一陣，那婆羅門僧的聲音又響了：「請大王用藥。」

妙莊王覺得，一碗滾熱的藥送到嘴邊。他有些不忍張口，正猶豫著。地上一個微弱的聲音說：「父王只管喝，女兒死不了。」他張開口，旁人用了個匙兒，將藥一匙匙餵他喝了下去。

不知隔了多久，妙莊王眼前似乎有一絲光影，越來越強、越來越強。忽然，眼前的東西清晰起來。「啊，我的眼睛好了。」妙莊王大叫了一聲，一用力，竟然坐了起來。他這才看清屋裡的景象：大臣陪著那婆羅門僧坐在案旁，都正注目自己。地上躺著女兒，雙手已經被剁去，血流了一地。臉上眼部是兩個血洞。她身旁坐著王后和侍婢，正在抽泣。他被女兒的慘狀嚇了一跳。不由得邁下床來，跪倒在地，高舉雙手說：「神啊，求你給我女兒添手添眼。」

忽然屋中現大光明，平地湧出一個七品蓮臺，妙善公主端坐在上面。不一時，她的斷手處生出兩隻其白如玉的手，接著，一左一右，各生出一對手臂，又是一對、又是一對……共生了二十條手臂，連原來的一雙，二十二隻手。手掌張開，手心各有一隻妙目，目光清澈。頭上一圈佛光，現出菩薩相來。那婆羅門見此奇跡，立刻化作一隻猛鷲，飛起就去啄她頭頂。她手臂上卻飛起一個金色寶杵，一杵就將猛鷲擊落，化作了人身。

妙莊王一眼看出是薩訶多王子，連忙說：「女兒不可傷他。」

菩薩在蓮臺上說：「我法慈悲，不計較恩怨，你向來處去吧！」

薩訶多怨恨地看了菩薩一眼，施施然走出屋子。

妙莊王夫妻連忙雙手合十說：「請大士收了法身，下來由國中供養，休再回尼庵了。」

那菩薩立刻還了原形，但是比起妙善公主來，多了幾分慈祥相。她也雙手合十說：「女兒要去靈山見佛，此地不可再留。父王若是想念女兒，可將適才的千手千眼法身塑了，在寺院供養，也給後世留下一點靈跡。」說完，那蓮臺由一片祥光簇擁，飛出屋去。眾人立刻也跟到外面，只見蓮臺冉冉上升，還看見菩薩在蓮座上招手，然後一陣香風過後，雪白天青，什麼都看不見了。妙莊王夫妻從此皈依佛教，在國中最大的寺廟裡，塑起一座惟妙惟肖的千手千眼菩薩巨像。

注四：拘攣，手腳抽筋的病症。

注五：著手回春，指大夫的醫術高明，能治癒沉痾。

參 調伏大荒神

佛祖正在大雷音寺升坐說法，他說的是《雜阿含經》中的五蘊皆空（注六），說到精妙之處，天花亂墜。就在此際，如來用手向空中一指說：「爾等如今似覺五蘊皆空甚是容易，且看五蘊幻身、四相遷變、即將遭受五陰魔障害者來也。」話剛說完，現女法身的觀世音菩薩正按祥光，降落於如來世尊座前。那法力高的，識得觀音轉世之由；法力低的，見觀世音變作女相，都暗暗納罕。觀音正欲陳說一切，如來說：「善哉，過去事我已盡知，等說法完了，妳去七寶樹林見我。」

觀音先到了七寶樹林，她已得天眼通，得知了如來臨壇所說的幾句話，正在奇怪自己怎的要遭受五陰魔障害。心想：這五陰魔，即五蘊魔，專門在色、受、想、行、識方面障害修行。不過，證阿羅漢果的便能不為它所障。我已證菩薩果，此次是以法身宏教，並非還在修行，又有佛賜三寶在身，他怎能障害我……正在想著，一白猿手捧幾個果子，一蹦一跳進入林中，跪下向自己獻上。

看那果子，翠色，長圓六棱，一股清香之氣撲鼻。此果叫作佛棕，倘在人間，便算仙果了。在這西天佛國，也並非什麼珍奇異物。不過，白猿獻果，總是一片誠心，便取了一枚服下。

那小猿似是十分高興，跪在地上，雙爪作合十狀，口中語雜似獸語，啾啾地叫著。

菩薩既得天眼通，能觀其音而明其意，自然懂得牠的語聲。便含笑問道：「你是想要我帶你去東土，在我座下證道？」小猿又是點頭，又是膜拜。

菩薩又問：「我這一路上有諸天神魔弄術敗道的兇險呢！你法力不足，如何去得？」

小猿忽地就地一滾，變成一個頗為秀麗的女童。她取下頸間一個金圈向空撒去，那圈迎風一晃，變成畝許方圓一團金光。女童飛身投入其中，盤膝打起坐來。

菩薩看出那金圈是一件佛門法寶，似具降魔護身之妙用，不知怎地落入這個小小的白猿手中。正待問牠，便聽有人在七寶林外說道：「此猿在我座下聽經多年，定慧雙修，頗具神通。日前我賜了牠一口天龍戒刀和這離垢環，原是因為惠岸早已被你遣去中土，此行不久便遇魔障，那魔神來頭不小，帶牠去也是一個助手，便對牠說了，牠才來獻果自薦。」

原來如來世尊到了。

觀音說：「既有佛旨，弟子收下牠好了。」

那小猿聽了喜得現回原身，連連頂禮。

如來步入林中。在白玉凳上坐了。觀音在一旁侍立，問道：「世尊說有魔神要與弟子為難，不知是哪一路魔神？」

如來一指白猿說：「你既然收下了牠，也該賜個法名，才好稱呼。」

觀音合掌道：「世尊賜偈有佛法東被、源我靈山二句，就喚作靈兒吧！」

如來撫掌笑道：「好個靈兒，正見你長住東土，不忘靈山之意。」說完，取出一粒藥說：「你服下，便能化身為人，學會人語，去林外服下吧！」揮手讓白猿去七寶林外等候。

如來這才正色對觀音說：「那居於色界之頂自在天宮的大自在天，又稱濕婆大神，為三千界之主，化身為阿修羅，亦即魔教之主。他與我教及道教之爭，上次已經說過。他雖屢次不勝，釋、道兩教終究對他教無可奈何。不過也不能因此就聽由他擾亂三界。降魔弘教，正是派妳四聖去東土的本意。原以為妳到東土後，魔劫才降臨，日前我曾入定，運慧光遍察三千大千世界，看出與妳在北闕國鬥法屢次戰敗的薩訶多王子，原是大自在天長子毗那夜迦的弟子。毗那夜迦在眾魔神中最為淫荒殘暴，又被稱為大荒神。他受到薩訶多哭訴，欲與妳為難。他的法力神通未必勝過妳，妳又得到我的護法三寶，原不必懼他。不過大自在天已准許他統領的欲界第六天的四魔相助。」

觀音微微一笑：「弟子素知，修成大阿羅漢就已經不為四魔中的煩惱魔和五蘊所迷。弟子已證菩薩果，又入輪迴化生一番，法身亦不懼死魔。剩下那天魔，雖說無形無聲，來不知所從來，去不知所從去，但是弟子已得天眼通，三界之中，無幽不燭，諒他也無法加害於弟子，怕他何來？」

如來說：「善哉、善哉！妳執著於降魔成敗，已著了相。正因此，就脫不了這一難。」

觀音問：「弟子有一難？莫非要遭魔劫？」

如來說：「色身受難，非同魔劫。一念悟徹，還可化為莫大功德。緊要時莫忘色即是空，那五魔奈何不了妳。」

觀音說：「如此說來，倒是四魔比那大荒神的魔法更高了？」

如來說：「大荒神性情極暴，鬥法不勝，他會纏住妳，不肯干休。他是主，四魔不過為他所使。」

觀音又問：「然則，弟子應該防著大荒神？」

「以妳今日智慧，終究能尋得解脫之道。時機已至，妳去吧！」

觀音知道佛祖遇事不願盡泄天機，便不再問，辭了如來，攜著白猿化身的童女靈兒，離靈山縱祥光向西北方向飛去。在雲程中，她想：世尊既說毗那夜迦一心與我作對，又諱言失敗，慣於纏住不放。何不迎上前去，與他會上一會，也免得他糾纏不休，一直跟到東土。於是撥轉雲頭，向著尼彌多國飛去

佛光迅速，不多時到了尼彌多王城。觀音化身為一中年貧婦，攜了靈兒入城，就便察看薩訶多和毗那夜迦有何舉措。走到王宮前面的一個廣場，廣場的一端搭了一個高臺，臺上只有兩個頗為端麗的少年，席地坐在一條毯上低頭談話，此外別無其他陳設。觀音慧眼已看出兩小童身上邪氣隱隱，用手一拍頭頂，睜開天眼，已然知道他兩人談話的內容。

「師父算著那妙善公主已經離開靈鷲山，兩位師兄帶了無相意網去往東土的雲程上擒她，怎麼還不見回來？」

「想是兩位師兄不認識那女子，被她逃過去了。」

「你莫忘記，王子師兄也跟了去，莫非他不認識那賤人嗎？」

「要不說是她法力高強，意網網不住她。」

「要是那樣，師父就該出來把她擒去，為何師父還在王宮裡，倒又讓咱們兩人看守此臺，又說在此臺上和她們鬥法，讓國內百姓看看我教怎麼戰勝她佛陀小教……」

觀音已經聽明白，那個大荒神果然當先挑釁，要與自己為難，並且在東行的雲程上設伏來擒自己。心想，繞路躲開那並非自己本意。若去王宮尋他，一則倒像是自己登門尋釁，再則一言不合，在這王城裡動起手來，說不定會有凡人受傷。不如將這大荒神引去荒山之中鬥法，也可以避開眾人，規勸他。於是，心念動處，隱了身形，帶著靈兒飛起，暗中告知靈兒已經發現妖魔蹤跡，不可出聲多問，一切聽自己言語行事。

兩人向東北方往東土之路飛去，觀音一直用慧目觀看，大約飛了數百里，已入高山，不少積雪山峰，閃耀著白光伏臥在前路。忽然不遠處，兩座高高的雪峰南北遙遙相對峙，兩峰中間矗立著無數低矮的山峰。兩峰間的上空，似有一片極淡的紅光，橫亙於當中，下接群山，上達極高的高空。觀音已知那大約便是意網了，按住祥雲，立身高空，仔細地觀察了一陣。她指著一座雪峰對靈兒說：「你看到山上坐著的三個人了嗎？」

靈兒說：「看到了。」

「好，你用原形去引逗他們，他們如果行法擒你，你只用離垢環護身，不去睬他，切記莫要用天龍刀傷他們。待我去收他那意網。」

靈兒飛到那高峰上，見三人都是少年，一個年紀大些的，手拿一面小圓鏡，凝神望著鏡中。另外兩個童子，只是目注高空。一個正在問：「師兄，那壞女人還沒來嗎？」看鏡的少年答道：「沒有，三百里雲路上，一點影子都沒有。」靈兒在佛祖座下聽經多年，諸天法寶，常聽如來說起它們的妙用。一聽，便知道那面鏡兒是察形之寶，便一心想奪了過來。

觀音用無相佛光隱了她的身形，薩訶多王子的寶鏡看不出她的形跡。持鏡少年以為雪山高寒之區，無人到來，當然也不作防備。靈兒突然從他身邊飛過，劈手將鏡子搶了過去。然後故意現了白猿身形，在幾百步之外，坐在積雪上把玩。

薩訶多用了師傳的寶鏡察看觀音的行蹤良久，正在不耐煩時，忽然一陣微風掠過，手一鬆，寶鏡脫手飛去。急睜眼看時，竟落在一個小小白猿手中。他「啊呀」一聲，連忙飛身而起，要去奪回。那兩個小童聽了他的喊聲，忘了照看意網，同時圍了過來。薩訶多到得最快，他剛伸手去取那鏡子，卻見白猿周身湧起了一團金霞，他又衝得急，不由得被一股大力彈了回來。他大吃一驚，才覺得這小猿是有備而來。心中大怒，口一張，一團烈火飛出，圍在了金霞外面，卻燒不進去。

那兩個童子趕了過來，見師兄奈何不了白猿，一個取出一個小弓，搭上三支綠色小箭，向那金霞射去，一個取出一面小幡一搖，平地起了五團黑煙，煙中各有一個惡鬼，手持鐵索，從四面圍上。另一個飛向天空，從白猿頂上下擊。

白猿見三人皆被自己吸引過來，隨手把小鏡放在身旁雪上，學著佛祖之形，跏趺而坐。牠的坐功一開始，護身金光立刻暴漲，擴大成十畝方圓。薩訶多的烈火，被暴漲的金光震碎。三支綠色小箭剛射入金光，立刻被金光裹住，不能再進。白猿用爪一招，三支箭全都飛入爪中。當頭壓下的惡鬼被金光裹住，墨影由濃而淡，頃刻間化為無有。

另外四鬼似乎也受了傷，帶著幾聲慘叫，向遙天飛去。大荒神的三個弟子想不到在一個小猿面前失手，法寶全失，不由得面面相覷，手足無措。

忽然聽得空中有人說道：「靈兒，把兩位居士的法寶還給他們吧！」

薩訶多聞言，抬頭一看，不由得失聲喊道：「妳、妳是何時來的？」

兩小童同時望向空中，其中一人上忽然也大叫起來：「意網呢？意網哪兒去了？」

觀音現形落到雪山上，手中遞過一握粉色的柔紗，含笑說道：「意網還你，回去告訴令師，我自理會東土的事，並不曾與他有什麼恩怨，何必與我為難？天下沒有不可化解的事，」又轉頭對薩訶多說：「我們之間的事也化解了吧！」說完，又讓白猿把鏡、箭還給他們。

白猿十分不願地把兩件法寶遙遙扔給他們。

兩小童中的一個大聲說：「妳、妳們傷了我的神魔，我豈能與妳們干休？妳等著，不要走，我師父立刻來降服妳們。」說完，三人被一道血光擁著飛走。

觀音四下裡端詳一下，走到一個山凹中，用手連指，口中持誦真言，不久這地方起了一陣煙雲，煙雲散後，觀音攜著白猿走入，對牠說：「這回要來是濕婆大神的兒子，他帶著欲界六刁的四魔同來。你沒有抵禦天魔的功力，我又照顧不了你。如今我用大法力封鎖了這裡。我傳與你禪功，你在這裡坐禪，我不解除封鎖，你不得出來。」說完，自己走上峰頂，先放起加持寶杵，使金龍在頭上飛舞護法，然後盤膝入定，向北闕國的方向運慧光察看。

菩薩得到旃檀般若珠之後，經過十餘天苦練，已獲得佛家的大智慧，定中察看，周圍千里內的事宛如目睹。她察看出尼彌多王宮中一間淨室中，一個象頭人身的人，正在跪地作祈禱狀，五個弟子環坐門外。薩訶多手持白猿退還給他的小鏡，在凝神察看。

那象頭人身怪祈禱了一陣，一口氣噴出，案上香爐中的三枝香，香煙結成了幾個字。他只看了一眼，面帶喜色，拜了幾拜，站起來就案上取過一個革囊佩在身上，一晃身收了象頭法身，化作一個年約三旬的粗壯漢子出門，帶了五個徒弟，一朵火雲托著，向觀音棲身的雪峰飛來。觀音立刻出定，收回加持寶杵，獨立山頭相待。

片刻之間，一點火星在這雪峰上飛墜，觀音面前現出毗那夜迦和他的五個弟子，她仍然面呈安詳之色，既不顯得畏懼，也不顯得驚惶。

大荒神毗那夜迦是大自在天濕婆王的長子，魔教中有名的魔王，一向覺得色界諸天沒有美食美女的供養，便不願意在大自在天居住，而住在有美食美女供養的欲界六天的第二天，即忉利天。魔教與釋、道二教爭鬥，他未參與，只在忉利天享樂，便養成了惟我獨尊的性格，行為暴虐，在教中只有濕婆大神和大神的愛女羅剎公主有時管束他一下，此外無所畏懼，也從來未把釋、道二教放在眼裡。此番離開忉利天也是興之所至。得知弟子薩訶多求親無成，還敗在那個名叫妙善的佛門女子之手，忍不下這口氣，思量為弟子報仇。

原意擒來這個女子交與薩訶多帶去成親了事。不料弟子出師不利，心愛的法寶因意生欲的意網輕易為此女收了去，這才不敢輕視對方了。一方面與父王濕婆大神通誠，求得了吉兆，一方面暗自打算，擒住這個女子之後，用她的法身餵養天魔，令她萬劫不復。如今此女竟敢在雪山等他，已出乎他意料之外；再看觀音的容貌，但見：

淡色佛光護體，素羅衣衫罩身。靈山東來證前因，白蓮開素面，玉體似天人。
點漆雙涵妙目，猩紅一櫻朱唇。莊嚴秀美見風神，慈悲大尊者，救苦觀世音。

正是菩薩東來第一化身——白衣大士。

大荒神素來喜歡色欲，見觀音菩薩的法身比他身邊二十四名魔姬美麗得多，不由得生出愛欲，捨不得用她飼魔。他大喝一聲：「兀那女子，妳兩番傷我神魔，本欲今日讓妳嘗天魔啖體之報，看在妳貌美的份上，如願歸於我，便帶妳去我忉利歡喜緣天宮中，過那快樂自在的日子，強過你們佛教的虛無寂滅。」

觀音倒也不為他褻瀆自己所惱，只覺得究竟是邪魔外道人，勘不破色關，還立什麼快樂自在！便微笑回答：「你那魔宮的快樂自在，終究要隨劫而滅，千年如一彈指耳，不如皈依我佛教，西方淨土，不生不滅，才是真快樂，大自在。」

大荒神說：「久聞你們佛家講經舌燦蓮花，說法天花亂墜。我不與妳賭口舌，且與妳賭神通。我勝過妳，妳隨我去忉利天作我宮中姬侍；妳勝過我，便隨妳皈依妳教。」

菩薩心思，身佩佛祖賜三寶，已立於不敗之地，聞言不得大喜，便說：「我佛家忍辱離垢，計較什麼勝敗？既然你以皈依佛法為注，便同你賭這一次。」說完，雙手合十道：「請施為。」

大荒神端詳了一下地形，退後數十步，舉手向四方連劃，一面口誦魔咒。忽然霹靂一聲，觀音便覺腳下一虛，所站立的雪峰坍陷了數十畝方圓，地穴中黑、紅、白三股大氣帶著怪吼之聲飛出。一出地穴，便化為烈火、洪濤和中雜著萬千金刀的黑風。

菩薩一覺足下發虛，便知他以地水火風來困自己。心念動處，一朵白雲已生於足下，又一拍頂門，那旃檀般若寶珠離體飛起，發出七色寶光，形成華蓋，護住上方，光華又倒捲而下，宛如一個光幢，將全身連同足底蓮花一齊包住。一任那大火炎炎，洪濤疾捲，金刀飛舞，孽風勁吹，恰如須彌山一般，巋然不動（注七）。

大荒神仰天一嘯，只見天色驟然一黑，原來北邊天際飛來一條黑龍，約有幾百丈長。剛到上空，大荒神用手向觀音一指，那黑龍張口一噴，一股怪蟒一般的黑風，便來捲觀音。觀音不動聲色，黑氣飛近她身，便如滾湯沃雪，化為烏有。黑龍連噴不已，黑氣隨生隨化。最後怒極，龍尾一擺，便向觀音當頭撲去。誰料觀音身邊突然飛起一條金龍，迎風漲得與黑龍一般大，兩條龍便在空中鬥了起來，從雪山頂，越飛越高，直鬥到高空。忽然，一聲長長的龍吟，在空際搖曳，向北方落去。金龍卻從高空飛下，到觀音身邊，越縮越小，眨眼間不見了。

那黑龍乃天龍八部最具神通的惡物，黑氣專迷修道人神智，大荒神想用牠迷倒觀音，攝回忉利天，先遂淫欲，再收為魔姬，卻不料又輸了一場。其實觀音如用加持寶杵當頭一擊，他必受傷。怎奈菩薩慈悲，總想憑佛力渡化他，所以只守不攻。

大荒神見菩薩法寶玄妙，便欲考驗一下她的定力。他取出意網，手一揚，那網化成一團清光，懸在觀音面前，宛如一面圓鏡。觀音稍一注目，便見光中屋舍人物，走馬燈一般一再變幻，原來內中現出來的是觀音在妙莊王宮中降生以後的諸般遭遇。觀音剛一注視，便似乎被它吸引住了，極想接著看下去。但她定力極高，立刻悚然一驚，心知開始被意魔所惑。便合掌誦起《金剛般若波羅蜜經》來。這金剛禪唱非同凡響，觀音立刻心靈空明，眼雖然望著那團清光，光中景象已若真若幻，似隱似現，再也不能吸引她的注意了。

大荒神在放出意網時，欲進一步引起她對往事的種種煩惱。只要她一著相，便會入魔，心智不再清醒，一切行動由著大荒神的擺布。不料金剛禪唱陡然而起，那煩惱魔正借幻相掩跡，卻用無形魔光去罩觀音，被禪唱一震，立刻現出形來。觀音一面持誦金剛經，一面已經看到一個三頭男子，一張面孔現苦惱相，一張面孔現忿恨相，一張面孔現癡呆相，突然好似受了傷，再也不能隱形，迅速地向天飛去。心知大荒神已驅神魔來暗害自己；也不說破，繼續誦經不綴。

大荒神受了金剛禪唱影響，心中似喜似怒，一時忘了行法去驅遣那五蘊魔。但他究竟是個著名魔王，心靈若明若昧之際，忽然也一驚，擺脫了金剛禪唱的影響。

他見接連鬥法不勝，有些惱怒，口誦魔咒，取下腰間革囊，手挽法訣一揚。革囊中飛出八、九道光華，落地變九個小兒，個個白白胖胖，身穿麻衣，赤臂赤足，卻每人手中持著一件法寶。他們蹦蹦跳跳，將觀音圍了起來。各自放出法寶，有刀、有叉、有寶索、有法輪、有火球、有圈鐲，還有三件叫不出名字的物事。

觀音認得這是九子鬼母的寶貝兒子。身不屬於三教，卻到處生事惹禍。因為身上有阿修羅的不死訣印，佛、道兩教弟子頂多只能將他們逐走，等閒傷害不得。觀音見是他們來取鬧，不由得皺了皺眉。只用了旃檀般若珠光護身，由著他們四下亂哄哄地吵鬧。那鬼母九子的兵器攻不入觀音的佛光，忽然同時大喊一聲，化作九道彩光向佛光輪番衝去。他們的衝擊力雖大，但是不能衝破佛光，觀音只靜靜地在佛光中看那大荒神還有什麼伎倆。

其實大荒神在魔子掩護下另有打算。他一方面咬破中指彈出幾滴血，這血滴立刻化作碧熒熒的光華，圍在觀音的旃檀般若珠光的外面。這是魔王本身精血所化的修羅神焰，專汙佛道兩教中護身之寶。他想藉此破去觀音的護身佛光，同時三管齊下，又暗中驅遣五蘊魔，伺機去迷惑觀音的神智。

觀音發現，九頑童所化的彩光五顏六色，衝擊自己的護身佛光無效，忽然連成一起，變成一個大光環，向自己頂上的寶珠化成的華蓋罩來，心想這幾個小魔頭素聞專與正教修道之人為難，今天不妨礙教訓他們一下。心念動處，加持寶杵化為一道金光，飛出佛光之外，當頭向彩霞色光環擊去。光環散處，九個魔子復了原身，個個身有血污，哭哭啼啼飛向高空，一晃不見。

就在擊走九子魔的同時，觀音突覺心靈一震，手上無相環忽然碧光一閃，她將慧目映著無相環看時，見五個赤身少女正飛離自己身邊，心知這是又名五陰魔的五蘊魔偷襲自己。忙用右手二指一彈無相環，立刻綠光大漲，五蘊魔在綠光照耀下現了原身，悲嘯著飛走了。綠光又照見大荒神發出的修羅神焰已圍在護身佛光外面，碧焰熊熊地煉那佛光。觀音心中一驚，因為旃檀般若珠的珠光居然被煉得光華黯淡了一些。於是她澄心定慮，從十指中發出十道白毫光，去敵那修羅神焰。白光碧焰此進彼退了一陣，雙方相持不下。

鬥法到了必有一傷的階段了，因為大荒神和觀音都將個人真元注入神焰、慧光之中。大荒神又把右手中指咬破，向空中頻彈血珠，以增加神焰的威力。觀音卻懸空趺坐在寶珠佛光之中，她面像莊嚴，雙目注視著屢進屢退的神焰和佛光。

大荒神想是已經知道功力不如對方，他指揮著四童子在身子前後左右排列，為之護法，就地一滾，變成象頭人身的原形。他手執一戒刀說：「兀那女子，我已知你是釋迦佛的弟子。神通不如妳，本當罷手不鬥，怎奈已經與妳相賭。我是大阿修羅的長子，誓隨劫而滅，也不能皈妳教下。這次我鬥法不勝，妳要不容讓一步，我將用解體大法壞去法身。我又對本命神發誓，我法身一壞，妳的法身要同壞，現將一切告訴妳，妳可捨得壞法身，重墜輪迴，從頭修起？」

「怎麼個容讓一步，容讓了又將如何？」

「我知道妳有諸多化身。妳只要用一個化身與我同參一次歡喜禪，我從此永不與妳教為敵，也改去荒淫暴虐的行為。這樣做，我們都算鬥敗了，也都算賭勝了。」

觀音忽然發大慈大悲心，說：「好，我依從你。」她收了護身佛光，恍惚之間變成一個口含笑容的端麗女子。那大荒神一揮手，雪峰上突然出現一間小屋。他吩咐了五個弟子在屋外相待，收去戒刀，攔腰抱起觀音所化的女子，走入屋中。

不知過了多少時候，一聲霹靂，那間小屋拔地而起飛走了，現出雪地上一個象頭人擁抱著一個赤身女子。也就一眨眼間，象頭人說：「我絕不違反自己所立的誓言。」說完，化做一點火星，一閃不見。

那女子口誦梵音：「菩薩摩訶薩，住忍辱地，柔和善順，而不卒暴。」誦畢，口耳眼鼻中生出火來，一霎那將全身焚盡。火光中飛起一個更加莊嚴端麗的菩薩。她向一處山凹一招手，飛起一隻白猿。一人一猿，同往東天飛去。

原來觀音參歡喜禪時已經悟出，當她用持寶杵擊傷九子魔時，因為動了嗔念，被五蘊魔的魔光照了一下，生出愛欲，才會答應與大荒神合歡。事後，覺得羞恥，便焚了被汙的化身，又悟出了《法華經》中佛說的忍辱之諦，道力更加精進了，並且應驗了如來預示的一劫。

那薩訶多日後脫離毗那夜迦門下，轉入佛教。若干甲子以後，創喇嘛教一支，大西藏傳下《大聖天歡喜變身毗那夜迦法》一卷，尊大荒神毗那夜迦為佛公，觀音化身為佛母。塑下大歡喜佛像，一直傳了千年之久。

注六：五蘊皆空，佛教用語。蘊為堆、積聚的意思。佛教稱構成人或其他眾生的五堆成分為五蘊。分別為色蘊、受蘊、想蘊、行蘊、識蘊。其中除色蘊之外，其餘皆屬精神層面。色指組成身體的物質；受指感覺，想指意象、概念；行指意志；識指認識分別作用。《般若波羅蜜多心經》：觀自在菩薩，行深般若波羅蜜多時，照見五蘊皆空。亦稱為五陰。

注七：巋然，高大獨立的樣子。《初刻拍案驚奇．卷三十七》：唯莊內一堂巋然，僕妾皆盡。《聊齋志異．卷一．嬌娜》：惟見高冢巋然，巨穴無底。

肆 收龍女

觀自在菩薩攜了靈兒，祥光向東方緩緩行去。她雖然受五蘊魔偷襲，汙了一個化身，但是化去了魔教最淫暴的大荒神荒暴兇殘之性，成就了莫大的功德，對於今後在東土降魔弘教，更增加了信心。去東土的雲路，她曾走過幾次，知道中華乃是一個大邦。過雪山不久，便是大片深山荒谷地區，那些修成氣候的妖孽和混世的群魔最容易隱跡於此。她有意沿路降妖抗魔，遇苦救苦、遇難濟難，因此，並不急於到東方去與惠岸會合。

小猿靈兒自然不知道觀音與大荒神鬥法的經過，她新習了禪功，多少改了一點時刻閒不住的性格，然而兩眼仍然滴溜溜轉個不停地向腳下的群山東張西望。忽然，她用那右爪向側面一指：「師父，那是作什麼的？」

觀音早已看到那地方是一塊壩子，它東面是個大「海子」（注八），西面卻是莽莽無際、延伸向遠處的叢山。壩子上聚了一大群人，個個跪在地上，為首的人手舉香束，向著一張木案在禱告然後將線香插在香爐上，領著眾人頻頻叩首。她對白猿說：「下去看看，一切聽我吩咐，不得妄說。」原來菩薩運慧目遙見眾人頭上有股怨氣阻住雲程，料知這一方人心定有什麼煩惱，決心下去問個究竟。

她變成一個中年貧婦，靈兒變成八、九歲的女孩。二人面黃肌瘦，衣裳襤褸，在距離祭禱處不遠的地方，覓塊石頭坐了，狀似休息。良久良久，許願或是祈福的那群人散了。有個面上帶著淚痕的老婦人，不知是過度悲傷還是跪拜過久累了，也走過來在觀音身旁不遠的一塊石頭上坐下來。

觀音便悠悠地問起：「不敢動問婆婆，剛才各位又燒香又禮拜的，莫是向哪位神道還願嗎？」

「小娘子不是本地人吧？」

「小婦人是後東邊的寧州南郡來的，那一方今年大旱，住不下去了，攜了個小女兒一路乞討過來。不敢妄想有人收留，只盼著熬過這災荒年景，好再回家鄉。」

「可憐，可憐。我這裡是楪榆縣，也屬南郡（注九），本是富庶地方，小娘子投奔這一方原是不錯的，無奈近來附近的蒼山洱海各山出了一個妖魔禍害人。這裡人本來靠山吃山，靠海吃海，如今村裡人凡是上山下海的，都不見轉來，弄得人心惶惶。眾人商議，由附近十幾個漁村的三老出頭，設了當年諸葛丞相神位，向他老人家許下重願，但望早一日平定妖魔，好重新過上太平日子……」

觀音手縮在衣袖裡，掐指一算，知道這位被稱為丞相的諸葛亮已經死了近一百年了，料想「他老人家」是無法降妖除魔的。便對老婦人說：「原來如此。不過小婦人有個主意，說不定能夠很快地平息什麼潑妖魔，不知是否說得？」

「小娘子有好辦法？快說出來給老身聽聽。妳不知道幾天來三老中有幾個愁得都病倒了。」

「小婦人在郡城相識了一位大德沙門，人稱妙善法師，他教給小婦人一個修行方法，每天早晚合掌面向西方，口稱大慈大悲救苦救難觀世音菩薩，一連三遍。這菩薩就下凡來，有求必應。」

「這法兒有效嗎？」

「怎的無效？想小婦人前日走到山凹裡，遇到一隻恁大的老虎，看看就要撲來，小婦人趕緊口誦菩薩聖號，說來婆婆不信，那大蟲轉身低著頭慢慢走了。」

「有這等事？等老身把三老請來聽一聽。」說到這裡又自言自語地說：「要是那位……那位一長串名字的菩薩顯個靈驗給眾人看看就好了。」

觀音說：「婆婆只管請人來，小婦人先在這裡向菩薩許願，說不定能在人前顯靈呢。」

不一會兒老婦人回來了，她身後簇簇擁擁，男女老幼跟了幾百口子。當前三位眉髮俱白的老者，仍然手持香束，走向菩薩面前面容嚴肅地問：「小娘子所說的，可是真的親身經歷了。」

觀音早已攙著靈兒站起，恭敬地說：「小婦人怎敢哄各位長老？」

「那菩薩是什麼聖號？」

「大慈大悲救苦救難觀世音菩薩。」

一位老者轉身對眾人說，於是一齊發聲，三誦聖號，其聲震天。

倏然光明照耀大地，空中現出一尊菩薩。但見她：霞光護佛體，足下生彩雲；碧紐緊扣素羅袍，翠藍寶帔飄帶，纓絡垂珠翠，香環結寶明；慈眉善目，雲髻朱唇；似憂似喜，無死無生——正是三十三化身，人稱聖菩薩的正法身。

那靈兒化為白猿，指著眾人說：「剛才就是菩薩的化身，為救爾等苦難，菩薩降魔去也。」

菩薩帶了靈兒駕祥光先向西面的群山飛去。那山名點蒼山，共有十九峰，低處山色蒼翠，高處與雲氣相連接，雖五月盛暑不熱。菩薩從北往南緩慢飛行，見此山林壑幽美，風光秀麗，甚是讚賞。自言自語說：「以後在東方找到說法道場以後，不妨在此山建立一個留雲下院。」飛著飛著，忽見一處山谷中一片妖雲飛起，暗道：「是這裡了。」便將雲頭降低，仔細觀察。

忽然白猿啾啾叫了起來，菩薩看時，也吃了一驚。原來在兩座山峰之間，一條巨蟒正在那裡曬鱗，連頭帶尾，怕不有三、四十丈。心想：「如此巨蟒，就算不是有意傷人，光那毒氣，山民遇到也難活命。」於是命白猿落下雲頭：「你且在牠面前走上一趟，看牠如何行動，須要防牠噴毒。」

白猿領命去了。牠現出原身，去到蛇頭所枕的峰頭，故意跳跳蹦蹦，東張西望，近處離那頭蛇不過二十餘丈。那蛇雙目一直望著牠，身子依然臥著不動。白猿嬉戲了很久，見那蟒蛇全無動靜，便要去回覆菩薩。就在此時，不知哪裡飛來一對羽翼美麗的山雞，剛飛到蛇頭上空，撲答撲答兩聲掉了下來，卻是已經死了。白猿甚為駭然，一個筋斗翻到菩薩的雲頭上，方要問什麼。菩薩說：「原來這個孽障倒不是有意傷生，待我下去問牠一問。」

菩薩按落雲頭，以法身站在山頭上。那蛇身見了，立刻將身子縮到了丈許長短。牠揚起頭連點數點，像是行禮。

菩薩說：「你何時出生、何時得道？身有如此劇毒，為何不覓一深山修行，卻在此人煙相近之處出沒？就算不是有意傷人，也嚇得人們不敢從此路過，豈不斷了山民樵子的生路？」

那蛇呦呦而鳴，菩薩聽了連連點頭。白猿耐不住，問菩薩：「牠說些什麼呀？」

菩薩說：「說來話長，牠原在玉龍雪山山腰裡棲身，三個甲子前，身子長大了，也頗殘害蟲豸走獸。一日，大迦葉師兄雲端經過，見牠正大傷生靈，便用降龍手段將牠制服，便禁制在雪山的一個洞裡。當時對牠說：你要有意悔改，我便傳你一個口訣，只要潛修三個甲子，待洞口禁制失效之時，便是佛緣來臨之日。我教下一位菩薩從此路過，你去求他，必能渡你轉世為人。牠前些日子發現禁制失效，便爬了出來，在雪山待了幾日，不見我的到來。各處尋覓，到了此山，已是五、六日了。牠雖不傷人，怎奈毒性太大，凡人不知，進入此峰者，一嗅毒氣立刻死去，並且全身化盡，牠又怕錯過我到來的時候，不願離開此山。傷人不是牠的本意……」

白猿本想仗著佛祖所賜的二寶，覓幾個妖魔，發發威風，聽了觀音之言，似對蟒妖有慈悲之心，便試探地問道：「這麼厲害的妖怪，又傷了人，菩薩還是把牠除去的好，省得以後又害人。」

那蟒懂得人語，卻苦於不能言，又吱吱嘶嘶地叫了起來。

觀音聽了一陣說：「好，既然你願意捨身成道，我就成全你。至於你說要把數年吞納日精月華苦練的元丹獻給我，我佛門弟子留它無用。你只要一心歸正，轉世投胎後，留它作個護身降魔之寶也好。不過，須得我用佛光化除其戾氣，你轉世之後一併還你好了。」蟒蛇聽了，將頭連點二十四點，權作二十四拜。一張口，噴出一顆龍眼大小、紅光瀲豔的珠子。

觀音招手收了去，納入袖中。又說：「索性我用佛門化生大法使你元神化成人形，也好去投胎。」說完，倏地升入空中，放佛光護體，懸空趺坐，低眉合掌，虔心禮誦佛祖祕授《往生經》。那蛇垂頭似在領受。

念誦了好一陣，觀音單掌一揚，一團極淡的金霞罩向蛇頭。蛇頭上飛起一個赤身小人，隨金霞飛入觀音袍中。那蛇便恢復了幾十丈的蛇身，挺挺地死在地上。觀音又放出佛光在兩峰之間來回飛馳了幾遍，消滅了滿山毒氣，便對白猿說：「我覓地將牠的元神封鎖起來，使牠修煉凝固。你去漁村中請幾位老人家來看死蛇，好叫他們放心。告訴他們蛇已死，不必記仇，蛇身埋了就是。事完後，你在這裡等我。」

靈兒又化身童女，到村中找到幾位老人一說，不知怎的，轟動了全村，跟著老人入山的足足有幾百人。他們看到恁般長的大蟒蛇死在山間時，紛紛議論不止。一位老人說明了菩薩有慈悲之心，讓掩埋蛇屍。一個年輕的樵夫冒失地說：「山地挖坑不容易，這麼大一個蛇，得挖多深的坑，尋個深深的水澗推下去算了。」他話剛說完，蛇身突然縮小到丈餘長。「啊！」大家齊喊了一聲。一位老人說：「真是佛法無邊。快埋了牠，一同去謝菩薩。」

青年、壯年人挖坑埋蛇，幾位老人聚在一起商議怎樣謝菩薩。他們要問問靈兒，大慈大悲救苦救難的菩薩如今在何處，誰知就在這眨眼之間，靈兒不見了。老人們遍問眾人，都說只顧了看蛇，沒留心帶路而來的小姑娘。只有一個十四歲跟來看熱鬧的後生說，他看見那個小姑娘變成個挺好看的白猴兒飛走了。問牠到底飛向何處，牠用手一指。老人們看時，他所指之處正是洱海。

老人們公議，把菩薩降蛇妖的這座原名小頂的山峰，從此改名為觀世音，一代一代傳了下去。到了唐代初年，南詔勢力尚未興起，此地在唐朝治下。為了避唐太宗之名諱，把一切名稱中的「世」字都去掉了。歲月一久，成了習慣。爾後，觀音峰就成為蒼山九峰中的一峰，那是由北往南數的第十一座山峰。直到現在，此名未變。

靈兒到哪裡去了？她本是應該在這裡等觀音菩薩的，可惜她太喜歡管閒事了，當她等待那一夥人埋蛇時，目光一直是東張西望的。忽然，她看見一團黑雲從頭上高空向洱海方向飛去。她認出了黑雲中必有妖邪。這本來不關她的事，可是她早就想找個妖怪試試自己新得的降魔之寶，於是一下子把觀音的話忘了，現原身縱雲頭遠遠地跟了去。

那黑雲突然停在空中，一股黑氣從雲中射下，直入水中。洱海面立刻風起水湧，狂濤大作。靈兒看不出究竟，好奇之心大起。想了一想，用個隱身法兒，一個筋斗射入海中，手掐避水咒，穿波而下。

一入海，便覺水上阻力奇大，定睛看時，一片極淡的烏光似網一樣籠罩在水面上。靈兒心想，定是那烏雲中什麼妖邪作怪。也不管猜得對不對，取出天龍戒刀向下擲去。刀光似白虹，將那烏光絞成粉碎。她便潛入海心深處。

那海在此處水深約有二、三十丈。在離水面約十丈處，一條黑龍口吐黑氣，一條較小的白龍口吐白氣，正鬥在一處。黑龍一邊，一個黑色大蜘蛛，在水中半浮半沉，似在觀戰，貌像獰惡。靈兒雖然分不出二龍誰正誰邪、誰是誰非，但心中無端對蜘蛛十分厭惡，一面觀戰，便心生白龍敗時助他一臂之力。

黑白兩道光華都在用力壓迫對方，此進彼退，相持了一陣，白光漸漸勢弱。當白光被壓得只剩三兩丈時，白龍忽然一張口，一顆彩光四射的寶珠倏地飛起，與黑氣一接觸，黑氣立即縮退七、八丈有餘。誰料就在此時，一旁的蜘蛛身上飛起了無數根黑絲，立刻交織成一面網，將寶珠網住，向蜘蛛口邊飛去。靈兒一下子明白入水時的阻力是怎麼來的了，她用手一指，天龍刀化道白虹飛出，向蛛絲斬去。不料那蜘蛛甚是見機，兩隻蛛爪捧著寶珠，穿波而上。黑龍也隨後跟上。等到白龍和靈兒一同飛出海時，只遠遠看到一團烏雲飛到蒼山深處，趕不及了。

靈兒這時倒想起了菩薩的話，便向那收服蟒蛇的峰頭飛去。當她放出天龍刀時，隱形法已經收起，她剛落到峰頭，白龍也隨後落下，並且就地一滾，變成了一個白衣少女，十分美貌，只是愁眉苦臉的，好像有莫大的委屈。靈兒見她和自己一樣是個女身，十分投緣，便說：「莫愁、莫愁，便有天大的難事，只要把來歷告訴我，我央求一個有大法力的菩薩助妳，包妳如意。」

「菩薩？是西天來的菩薩嗎？」

「不錯，佛祖派來東土的，法名就稱作大慈大悲救苦救難觀世音菩薩。」

「求妳帶我去見菩薩，我有下情上稟。」

「不好哩，菩薩原本命我在這小山上等她老人家。我貪著下水看你們鬥法，擅離此地，不知菩薩到哪裡找去了。」靈兒話才落下，身邊祥光一閃，觀音便在小峰上現身。她對靈兒說：「妳太愛管閒事了，又愛各處亂跑，不脫猴兒本。所幸這一回事情倒管對了。」

靈兒聽菩薩沒有怪罪她的意思，趁機介紹白龍化作的少女說：「這位姐姐是……是住在那個海裡的……」

少女合掌跪拜：「龍女拜見菩薩。」

觀音慈祥地說：「起來、起來，適才我運佛光察看靈兒的去向，無意中看到了你們在海中的爭鬥。妳且把來歷和與那黑龍結仇的經過告訴我便是。」

「小女子二百多年以來一直跟父王住於這洱海之中。父王奉昊天玉皇大帝之命為洱海龍神已經五百多年了。因為行雨時，這一帶風調雨順，玉皇欽命，於不久前調他去洞庭湖為神，卻一時沒有給洱海派龍神來。父王臨走時告知小女子，叫我權且掌管這一方。又說，三百年以前，佛祖座下迦葉大菩薩路過這裡，蒼山聖應峰，父王前去聽經。菩薩告知二百年後父王奉調離開，子息要受到外地竄來的孽龍欺凌，有一次小小的劫數；不過要是應付得宜，也許因禍得福。

父王離開前，曾經將久經祭煉的內丹明珠給了小女子一顆，說可以防身禦魔。日前，不知哪裡來的一條黑龍要來奪占這洱海，論道力他比我深，卻被父王賜給的寶珠戰敗，今日便帶了一個蜘蛛來將寶珠奪去。要不是這位阿妹相助……」

菩薩一直在低眉合目，似在靜聽，這時突然張開雙目大聲說道：「好魔障，怪不得佛祖說這次天魔混世，來者不善，果然是無孔不入。他們竟然想占據要路，阻止我佛法東被，說不定這次要不得開殺戒了。」菩薩向西山方向望了一陣，低聲對靈兒和龍女囑咐了幾句，祥光又一閃，法身已經隱去。龍女恢復了原身，一條白龍，半身為雲彩遮住，時露一鱗一爪，在洱海上面巡弋。白猿也現了原形，跨在龍背上。

蒼山深處飛來一片黑雲，快如奔馬，眨眼間來到洱海上空，迎頭向白龍飛去。靈兒知道菩薩說的那話兒來了，有心把其中真正的厲害人物引出，暗中取出離垢圈，隱去佛光，連白龍一齊護住，又取天龍刀在手備用。

那黑龍原來占住點蒼山十九峰間的錦浪十八川，因未有玉帝封號，不在龍神之列，宛如人間的草頭王，無拘無束，本也十分自在。蒼山馬耳峰有個得道多年的人面蛛，與牠時有來往。當洱海老龍去任洞庭湖時，蜘蛛精便來勸牠占住洱海。牠多年來並未為惡世間，恐怕犯了天條，不願妄動。

蛛精說：「你擒住龍女，娶她為妻，算是承繼她父親基業，誰也不能說你違反天條。」牠還是猶豫不決，蛛精又告訴牠，就算違反了天條也不怕。自己也是奉羅剎女之命來勸牠的，一旦事成，羅剎女要在洱海蒼山之間建立魔宮，大興魔教。牠問魔教是何來頭，蛛精只告訴牠，教主是阿修羅，曾和佛祖、道教教主鬥法多次，不分勝負。羅剎女就是阿修羅王派來傳教的人。

牠被蛛精的豪言壯語所蠱惑，來洱海尋釁，第一次幾乎被龍女的寶珠擊散丹元化成黑氣，大敗而回。第二次得蛛精之助奪去了寶珠，正要擒捉龍女，半路上跳出來白猿，差點被天龍刀將蛛絲編織的網所斬斷，逃回去向羅剎女訴說。羅剎女以為機不可失，什麼寶刀寶劍的，阿修羅教全不放在眼裡，答應親自來為牠們接應，這一次務必擒住龍女，永占洱海。

黑龍一飛到洱海上空，就發現了白龍，黑龍並沒有看見白龍身上的白猿，在空中便氣勢洶洶地噴出了丹元。一道烏光眼看著罩向白龍身上，不料白龍身上一圈極淡的金色霞光閃了一閃，烏光便被震散了一段。黑龍心上彷佛受了一下巨震，雖然嘬口一吸，及時收回了烏光，真元已經受了損傷。蜘蛛與牠同在烏雲之中，見狀知道黑龍吃了暗虧。立刻，萬千根極亮的烏絲從臍下飛起，交織成一面網，向白龍罩去。

靈兒早經菩薩提點，揚手飛起一片白光，用天龍刀去斬蛛絲，暗中放出菩薩的加持寶杵。蛛精眼見與性命相連的蛛絲被一道白光斬得七零八落，剛想收回，忽見一道杵形金光電也似飛來，欲待躲閃，卻怎禁得這佛門至寶一擊之厄，只見金光擊下，把那蜘蛛擊成千萬團黑氣，紛紛落入海中。黑氣團中飛起一團霞光，正是那龍珠，被龍女一張口吸去。白猿同時招手收回天龍刀和加持寶杵。

白猿正不知如何對付那黑龍，忽見一大片血色光華從黑龍身後飛起，血光中現出一個頗美麗，卻面無血色、碧瞳如電的女子，身披一件白罩衫，赤足如霜，手腕足腕各套一個碧色光環，頸掛一個珠串，串上的卻是縮小了的人頭骨。血光照耀下她面色陰冷，手指白猿說：「兀那猴兒，把那加持寶杵和那口刀兒獻上來，饒你不死。」

白猿示意龍女停在空中與她對峙，反唇相稽：「我的法寶為什麼要給妳，妳又是哪一路跑來的邪神？」

女子冷笑：「那加持寶杵，你一個猴兒豈有福占有？不是你主人那裡偷來的才怪。」

「妳猜對了一半，是主人交給我用來降魔的。喂，妳是不是魔教的人？」

羅剎女性格陰冷，她覺得和猴兒說的話太多了。冷哼一聲，手足上四環碧光飛起，直取白猿。白猿想試一試自己法寶的威力，將天龍刀分化四道白光，迎上敵人。羅剎女頸上人頭數珠，倏地飛起、漲大，化為十八個魔鬼，碧眼赤髮，口噴黑煙，分四方向白龍和白猿包圍上來。

白猿雖然有加持寶杵，但不能分四方迎敵，稍一猶豫之際，已被魔鬼口噴的黑煙團團圍住，雖有離垢圈護身，卻覺得圈外壓力重如山嶽，佛光越壓越小。她初次與魔教對敵，不知是自己功力不夠，還是法寶不敵。正在不知所措時，忽覺手一鬆，加持寶杵穿光飛出，立刻化作一條金龍，口噴烈火，黑煙遇著便燃。十八魔鬼似是對它十分畏懼，四散飛遁逃逸。

那羅剎女原覬此寶，知道白猿功力不足，誘她出手後便伸手奪取，只要奪得此寶，拚著有相十八神魔損失幾個也在所不惜。她悲嘯一聲飛身而起，身上一團白氣護體，十指前伸，射出十道綠氣，向加持寶杵撲去。

空中金光四射，有人大喝一聲：「我佛門之寶，豈是妳魔教所能收得。倒是妳這神魔，專門危害修道人，我替妳除去了吧。」原來觀音在空中現身了。她手一指，一道金光向有相神魔圈去，同時加持杵化為杵形，擊向羅剎女。

羅剎女雙手碧光擋不住寶杵，心知不妙，如電一般退出十里之遙。饒她退得快，護體白光只被加持寶杵擊散了一半。再看空中，十八神魔已然不見蹤影。她恨恨地說：「我知道妳就是妙善那個賤婢，今日讓妳一步，早晚公主到中土，此仇必報。」

觀音說：「收回妳那四枚魔環，以後我在東土等妳和你們公主好了。」

黑龍頭一次識佛門法力，逃也不是，不逃也不是。

觀音指著海中一座小島說：「下面說話。」

黑龍化身一個中年虯髯漢子降落島上；白猿、龍女各化身侍立菩薩兩旁。

觀音在一塊白石上坐下，溫顏對黑龍說：「我詢問了點蒼山山神，幾百年來，十八溪發山水，你並未趁機傷害生靈。為此我當上報玉帝，封你洱海正職龍神，龍女要歸入我教，隨我東行。你務須保佑這一方風調雨順，你可做得到？」黑龍立刻點頭應諾，跪下稱謝。

半年後，天庭下來玉牒，封牠為龍神。牠顯靈托夢給漁民要求修廟，並且把受觀音點化之事宣揚一番。各村耆老商議，將觀音渡化龍神的那個島改名小普陀，上面修建了一個觀音閣。如今此島仍存，觀音閣則幾經修繕了。

注八：雲南省稱高山中小片平原為壩子，湖泊為海子。

注九：昆明東、西均屬雲南郡。楪榆縣，相當於今天大理市附近一帶。

伍 天柱山惠岸尋怪猻

惠岸到了東土已經十八年了。這十八年他除了去天宮省親探望父母以外，大部分時間在浙江天臺山一個人跡罕至的洞中，同白鸚鵡一齊修練。觀音曾說他的定力還不夠，說不定會在天魔的襲擊下道心大亂，壞了道基，所以他苦練金剛禪法，有時一坐禪十天半月才出定。此外，他在天宮的兄弟哪吒送給他一顆龍珠，他想著把它練成降魔慧光，以作護身之用。小部分時間他帶了白鸚鵡出去，隱了身形，半雲半霧，在東南各州郡遍遊名山大川，意圖替觀音揀一個風景勝絕的地方，作為以後開宗立派的講經說法道場。路上他還帶了觀音的羊脂玉淨瓶，遇著有災有病的人，便化身一個貌像古拙的中年僧人前去治病消災，常常是人到病除。人們問著他法號時，便自稱是大慈大悲救苦救難觀世音菩薩的弟子惠岸行者。所以觀音法身還未到東土，名聲已至。

有一次，他帶了白鸚鵡去九華山竭見地藏王菩薩。菩薩告訴他觀音不久就會東來，但是已轉生女體，不再是過去的法身。惠岸記得師父臨別時暗示過他這件事，倒也不覺得有驚奇之感。地藏王又偶然提起，右廬江郡霍山出了一個妖怪，不時殘害周圍三百里黎民。霍山與九華山只一江之隔，地藏王本想去收服牠，為民除一害。但是自己的坐騎諦聽卻說，此怪乃是觀音初成道收服的坐騎金毛犼，牠原是截教通天教主的門下金光仙，趁觀音被佛祖召去靈山時，破去觀音禁制之法，回轉東土。觀音正奉如來之命去妙莊王國中轉世，哪有時間去尋牠。頭兩年牠不知躲到哪裡不敢出頭，如今想是不見主人追尋，才大膽妄為，敗壞師父的名聲。

惠岸當下不說什麼，回到天臺山，和白鸚鵡商議此事。

那鸚鵡日夕在觀音座前聽經，心性慈和，兼且自知法力不高，便勸惠岸，那金毛犼當年本是通天教主門下，雖然作了師父的坐騎，法力卻高過自己。白鸚鵡說的也是實情，惠岸一時躊躇不決，心中悶悶不樂。

這日，惠岸終是捺不住，心想，何不到那霍山探上一探，縱然不能把那孽障擒回來，得點虛實，在師父面前也好有個回話。便告知白鸚鵡，讓牠好好守洞，自己仍然化身一個衣衫破舊的中年行者，玉淨瓶留在洞府，暗帶吳鉤劍，就山頂上駕雲向西北方飛去。

那霍山是廬江郡第一高山，俗名天柱山，漢武帝時曾把它當作南嶽祭祀，周遭五百里，山高林密，山中村落稀少，有時數十里內只有三、兩戶人家。惠岸先是駕雲在山區轉了一大圈，但見群峰攢立，深谷羅布，看不出哪個地方像是妖精窩藏之地，索性按落雲頭，揀那險要難行之處，步行慢慢察看。

在一座山的山坡上，聚集著幾十個山民，正在建一座看來規模不太大的廟宇。三間正殿已經蓋起，正在修兩廂的配殿。惠岸趕到那裡，正值工人停工休息，他說自己山行迷了路，問此是何地，修這座廟作什麼。有個年老的工人告訴他，此地叫桃樹溝，周圍幾千里沒有大村落，勸惠岸莫在山裡亂撞了，最好一直向南走，出山去潛山縣，那裡有個廟宇，可以去討幾頓齊飯。至於為何修廟，他絕口不提。惠岸又問了一次。老者說：「一個後生，在這天柱山裡，不該問的事少開口。」

惠岸依老者所言出山，只翻一個山頂，但見十餘人挑著擔子前來。山路狹窄，惠岸讓在一旁。眾人過去了一陣，一個五十餘歲的老者獨自挑擔喘吁吁趕來。惠岸見他走得實在吃力，便站起身要替他挑擔。老者也沒有推讓，只道了謝。二人走在路上，惠岸問他，這些東西要送往哪裡去，作什麼個用項？老者告知，是供給修山神廟的工人食用的，附近五十里的人家輪流派人挑送。食物工料卻是山南各村子共同湊集的。惠岸有些奇怪，像霍山這麼個大山，山神也是南嶽之神，自漢代傳下來，入山之口本有一個嶽廟，又有哪一個大膽的山神敢要求環山的百姓另修一座廟？便又問老者，山神是何來歷。

老者說，約在半年多以前，山下各村莊入夜以後常常遺失未出嫁的女子，至少丟失了七、八十個之多。同時山上出現了虎蛇怪騷擾山民，人畜被吞食的著實不少。後來，就有山上山下的幾個神巫一齊傳言，說天上有一個神道謫降為霍山山神。已有神示，要山南百里之內村莊出資，修一山神廟，以後每月供太牢三次，年終選取端正美麗的未嫁女子三人送往廟內，不但虎蛇二怪永不肆虐，也能保佑這一方風調雨順，人畜平安。自己是貧窮戶，無力供應牛羊女子，只能隔日挑擔來給修廟的伕役送食水工料等等。惠岸幫他將東西送到地頭，順便到正殿裡看了看，正好有前日送來的宰殺洗剝好的一副太牢，牛羊豬各一口。問了一下擔物的老者，據說每次太牢送來以後，三天內，山神一定來收了去。

惠岸自從聽說山神的行事以後，便疑心與金毛犼有關。這時心想：妙啊，我便在這裡等上三兩天，見識一下什麼個樣的山神。他偽裝下山，走到無人處使個隱身法兒兜回來，躲在正殿裡打坐用功。

修廟的民伕都是附近的山民，日落前後，收工回家去了。惠岸又到廟外升上雲端，運慧眼四下裡觀看。約莫二更多天，但見西北方面一陣狂風滾滾而來。心想，那話兒來了，立刻隱起身形相待。

狂風到正殿前止息，現出一個虎頭人身、一個蛇頭人身的怪物來。二怪既不交談，也不在殿外停留，進得殿來，虎怪雙手托起死牛，蛇怪一手提豬、一手提羊，就殿內捲起狂風飛走。惠岸隱身在後相隨，因為見牠們飛行遲緩，料著修行年淺，不成個氣候。這樣就只對付金毛犼一個妖怪，縱然一時法力不敵，也可以請人相助。於是放心大膽地要去妖窟一探。

二怪向一座高峰飛去，惠岸慧眼已經看出這個山峰遠遠高出眾峰之上，心知這便是人們稱作天柱山的那個天柱了。倒又覺得犼怪既然藏身如此高峻深邃、遠離塵世的山中，倘若一心修成正果，就算菩薩轉世來到，以她老人家的慈悲心腸，也未必強迫牠回去。如今卻惡習不改，特別是偷攝民間閨女，想必作些敗壞人倫的事。休說菩薩，自己也容牠不下。這次獨自探山，倒是做得對了。

二怪未向山頂飛去，卻飛向山腰，原來那裡一叢灌林擋著，有個丈餘高的洞口。外面天色漆黑，洞內倒有亮光。惠岸隨著二怪飛了進去。那洞似乎很大，一入洞門，一塊極平整的長方巨石矗立面前，宛如一面屏風。二怪已止風步行，惠岸也步行跟蹤。屏風後的洞似一大廳，其中整整齊齊擺了兩排石凳，遠處洞的盡頭，一個巨大的石案，上面鋪了虎皮。最奇的是洞頂平平地向遠處展去，倒像富貴人家廳堂。每隔丈許遠，洞頂填鑲一顆明珠，其光柔和，洞裡的景物卻看得一清二楚。二怪前行，眼看到了洞的後壁，卻見左右有一洞。二怪向右洞走去，惠岸跟入。原來那是一條長長的甬道，藉著甬道頂端的珠光，可以看出不遠便是一個小門，內中有女子嬉笑之聲，大約是開鑿而成的石室，洞中卻掛著不知什麼草編成的簾子。二怪一連經過十幾個這樣的石室，便將身負的太牢扔在甬道上，雙雙進入一個門戶寬大的石室中，惠岸也跟了進去。

這石室四壁各懸一顆大珠，照得屋中十分明亮。室中除石桌石凳外，還有一張巨大的石床，上鋪厚厚的獸皮，一個滿臉金色虬髯、豹頭環眼，獠牙外露、赤裸著多毛上體的壯漢居中踞坐，兩旁各有一個半裸的女子，擁著他在調笑。一見虎蛇二怪進去，便問：「祭品取來了？」二怪回答：「取來了。」又問：「廟子修得怎麼了？」回答：「蓋得不快哩。」

惠岸早已認了那漢子正是金毛犼的化身。方在想是不是先退出此洞，以後再來設法擒牠。忽然，牠皺著鼻子向空中嗅了嗅說：「有生人氣。」說完口中噴出一顆珠兒，青光熒熒，繞著石洞轉了一圈，惠岸的隱身法便被破去，現出身形來了。牠一看，認得惠岸，面上有些驚慌，問道：「可是菩薩派你來的？」

惠岸認得那口青珠是金毛犼的元丹，不敢輕敵，一拍頂門，龍珠化作金光飛出迎上。同時兩肩一搖，吳鉤雙劍飛出，一紅一白、兩道寒森森的光華直取虎蛇二怪。二怪道行淺薄，怎敵得佛門降魔劍利器！光華繞身一轉，雙雙被斬作兩段，現了原形。兩個女子嚇得怪叫一聲，暈倒在石床上。惠岸又使雙劍去傷金毛犼。那犼一指元丹，青珠一變三，分別敵住雙劍和龍珠。牠又問了一遍：「可是菩薩派你來尋我的？」

惠岸喝道：「你這孽畜，竟敢趁菩薩去靈山赴會偷走下界，殘害生靈，快休在此冒充什麼山神，隨我去天臺山，等候菩薩東來，弘揚我教。」

金毛犼呵呵笑道：「如此說來，人們傳說菩薩重入輪迴轉世，那是真的了。我說老弟，你既是托塔天王的賢郎，哪裡為神不快活，何必一定跟著這晦氣菩薩？不如和我一起自由在地作個如意真仙。菩薩要來這南贍部洲時，你我就躲向東勝神洲去……」

惠岸大喝一聲：「住口，你竟敢背叛主人，看我法寶取你。」說著取出地藏王菩薩處借來的錫杖，剛要施為，那金毛犼識得此寶厲害，搶了先手，取出三個金鈴來。牠將第一個一搖，鈴口噴出十丈烈火燒來。惠岸認得這三個金鈴是菩薩收牠為坐騎時，道祖太上老君親手繫在牠項下的防身之寶，只須一搖，就分別放出三陽真火、異地罡風和五毒神砂。一見牠搖動鈴兒，慌忙收回吳鉤劍，以龍珠防身，向外逃去。犼怪怕燒傷了洞中的美人，不願火勢蔓延，只把惠岸逼出了山洞，便不再追。

惠岸回到天臺山，將前事與白鸚鵡說了，白鸚鵡勸他，這事還須等菩薩來到才能了斷，他卻以為弟子理應為其分憂，那金毛犼的法力不比自己強多少，只是無法破那三個金鈴。苦思了兩日，想起去天宮看望父母時兄弟哪吒的一段話。哪吒說：「二哥，你在下界代替菩薩行道，未免人單勢孤，降妖捉怪有什麼為難時，小弟願意下凡相助。」想到這裡，惠岸愁悶頓時消釋。仍命白鸚鵡守洞，獨自駕雲頭直上天宮。

他先去參拜父母，將此事與李天王說了。那天王笑道：「要是天界出了狠惡妖魔，發天兵征討時，須得上奏玉帝領旨。那潑畜既是菩薩坐騎，早晚是降伏了事，終不能擒來殺掉，讓你兄弟陪你走一趟就是了。」

惠岸與哪吒離天宮來到中界，縱雲光直到天柱山，直入洞中鬥那犼怪。哪吒覺得洞中狹窄，展不開自己的法身，便說：「不如把牠引出，堂堂正正鬥上一陣，也好叫那廝心服。」

惠岸說：「如此，我去引牠。」

到了洞山，惠岸嫌那遮洞口的小樹叢礙事，用一口吳鉤劍芟除殆盡，露出洞口，誰知狝怪有了防備，用個騰挪法兒將洞內石屏風移來當門，遮得嚴嚴實實。

惠岸笑道：「沒見識的潑畜，你當弄塊石頭對洞，便擋住人了？」有心給牠個下馬威，取出地藏王的錫杖來，口誦咒語，向前一指。這錫杖指處，能頓開陰間地獄之門，這塊石頭如何能擋？只聽得一陣霹靂，一路響入洞中深處。不僅當門巨石化為烏有，整座洞府都搖搖晃晃，似有坍塌之狀。

片刻之後，由洞中飛出一團黃氣，出得洞來就地一滾，便現出了金毛狝的化身。一見是惠岸用地藏王的錫杖把自己逼出來的，不怒反笑說：「上一回你來我洞裡作耗，敗在我手下，我放你走了，卻不料你竟膽敢再次欺上門來。來來來，我這兒正少了一個提鑼打更、看門戶的，權且拿你充數吧！」

惠岸還未答話，哪吒喊道：「潑怪，你上前些，莫作出戰不過就趴窩的乏樣兒來。我領教你那三個什麼會放火的金鈴兒。」

怪抬眼看時，山坡上，一個少年赤足站在風火雙輪上，相貌甚是清奇。詩曰：

異寶靈珠落凡塵，陳塘關內脫真神，鬧海一怒誅龍子，二上乾元顯化身。

三追托塔方認父，西歧城下立功勳。武王伐紂為前部，立保周家八百春。蓮花化成不壞體，八臂哪吒勇絕倫。肉身成聖升玉闕，十萬天兵為先鋒。降妖除怪無雙士，敕封三壇海會真。

狔怪見他身上寶光隱隱，不敢輕視，回顧惠岸說：「怨不得你今天又上門來，原來請了助拳的來了。」

惠岸說：「他是我的小弟，你如果戰他不勝，不如束手就擒，隨我見菩薩認罪算了。」

金毛狔又看哪吒，心想年小必然力弱，先試試他的武藝，戰不勝時，再用法寶取勝便了。伸手拔出背後一根金光閃閃的寶杵，立個架勢說：「小哥，讓你先手。」

哪吒雙手一擺，手中立刻多了一把紅纓火尖神槍。前後把一合，伸手便刺。狔怪持杵急架相還，兩個戰在一起。起初，還在山坡上盤旋，後來，一縱雲頭，一登風火輪，同時來到空中。哪吒原是姜子牙興周伐紂的先鋒，越戰越勇。狔怪漸漸氣力不加，便尋個機會，撥轉雲頭，似乎要向山外逃去。哪吒急登雙輪追上。狔怪暗中早已取出金鈴，倏地回身一搖手中鈴，一股烈火，見風延伸了數十丈，向哪吒燒去。哪吒止住風火輪，一手持槍，一手向頂門一拍，立刻現出三頭八臂的化身來。一隻手臂高舉九龍神火罩，飛出九條火龍，一齊張口，狂吸那烈火。滿天烈火如水歸大壑一般，盡都投向火龍口中。

犼怪一看，怕三陽神火白白地耗損了，連忙收回大火。又取第二個鈴兒一搖，立刻從巽地刮來狂風，片刻間天昏地暗，狂風化作無數風柱，帶著怪異刺耳的聲音，齊向哪吒壓來。這巽地罡風甚是厲害，一旦裹入其中，縱是神仙之體，也能吹化。哪吒在天宮時便聽惠岸說過這三枚金鈴的妙用，早已作了準備。一手向寶囊中取出一顆寶珠，高高舉起，那珠光照處，旋近身來的風柱，立刻消逝。原來哪吒把天王府的至寶定風珠帶來了。

犼怪急忙收回罡風，又搖動了第三鈴，鈴中飛出一片黃沙，遮天蓋地而來。哪吒收起寶珠，取一襲紅綾向空中撒去，紅綾化為一面紅光閃閃的大網，直向黃沙兜去。這乃是哪吒成道時從不離身的至寶渾天綾。

犼怪一看來勢不善，忙又自行把五毒神砂收回。他見哪吒的法寶層出不窮，件件剋著自己，一時呆立雲中，不知所措。

哪吒說：「你的法寶發完了？且看我這法寶比你的如何。」一收了三頭八臂的法像，取出乾坤圈，往空中丟去，那寶化成車輪大小一圈金光，罩向金毛犼。

犼怪只覺得此寶離身尚有數丈，便有一股吸力，幾乎將身子吸了去。不得已，噴出內丹珠，一團青光，才勉強將乾坤圈敵住。哪吒見狀，又發出渾天綾去裹牠那顆元珠。金毛犼嚇得魂魄盡失，如果內丹被人收去，千年修行便毀於一旦；慌忙用內丹化作一片青熒熒的光網，衝破乾坤圈的攔阻，衝雲直上逃去。

惠岸見哪吒已經升空去追，本要隨後跟上，又想山洞內還有不少被盜來的女子須得安置，心知哪吒的法力在犼怪之上，有他追去便可無虞，便走入洞中去救人。幸得山深石厚，山洞未被地藏王的錫杖震塌，他一路走一路大聲呼喚，待喚出一、二十個面帶驚恐之容的少女之後，便向她們說明了原委，讓她們分別去喚其餘女子。他想了想，行法把洞頂的明珠收了下來，待眾女子到齊以後，攝一陣清風送她們到修山神廟的那座小峰，將她們交與了眾民工，取出十顆明珠，讓他們代賣了分與眾女子，並且說，虎蛇二怪被自己殺死，那個假山神也被趕跑了。

這些修廟的人被迫來此服役，十分不願。聞言半信半疑，半喜半憂，不敢相信惠岸，誰也不願意帶頭停工。一個老成持重的中年獵戶請求惠岸把虎蛇二怪的屍體找來給他們看看。惠岸答應了，足底生雲，冉冉向天柱山方向飛去。這一來使民工的懷疑心去了一大半。被掠的女子又繪聲繪色地描述了怎地一個震天般的大霹靂打入洞中，滿洞金光，震得山搖地，那位大王——她們一直這樣稱呼金毛犼，嚇得跌跌撞撞跑出洞去，從此就沒有回來，不久這位大仙就來了，一陣風，不知不覺就到了這裡。

於是民工們的疑慮盡除，高高興興、七嘴八舌地議論起來，其中年紀最大的一個民工提議，這廟還得修下去，不過不是給山神修，而是祭祀這位仙人，一來崇德報恩，二來請這位仙人永鎮此山，驅妖逐邪。

惠岸在空中將虎、蛇的屍身拋下，他沒有按落雲頭，他怕這些凡人把他作為神仙留住，糾纏不清。

眾人看那虎怕不有四、五百斤，雖然死去，仍是面貌猙獰。那蛇長有三、四十丈，粗如水桶，真不知仙人怎麼扛來的。眾人一齊下拜，請求仙人隨他們去山外，由各村輪流供養。惠岸笑著辭謝了他們的要求，一舉手便要縱雲飛去。

「大仙留步！」一個機敏的後生喊了一聲。

惠岸問道：「還有何事嗎？」

「請大仙留下名諱，我們好繪影留形，讓子子孫孫永遠奉祀，香火不斷。」

惠岸想了一想說：「那們你就記住，救你們苦厄的乃是西方佛祖座下，救苦救難大慈大悲的觀世音菩薩。」說完祥雲冉冉，向東方而去，漸漸沒入遙天。

觀音廟不久就建成了，不知是聽話的人聽得不明，還是惠岸行者的話說得不清，總之，菩薩的像塑成了惠岸那個樸實古拙的化身，而且惟妙惟肖，那天見過惠岸的人都說一點也沒有走樣。

這時正是晉朝，不久佛法在中國廣為傳播，關於觀世音菩薩的靈異也多了起來。只是，從南北朝到隋代，這位菩薩顯化的都是男身，這不知道與霍山這座廟有沒有關係。

陸 海天淨土

哪吒站在東海之濱瞭望大海。他追到這裡，把金毛犼追丟了，但是他知道，犼怪絕非鑽入了大海，而是藏到眼前數百里範圍之內的某個島上。這些星羅棋布的或大或小的島子是他在空中追犼怪時鳥瞰看到的。他眼下並不急於查詢犼怪的下落，多年來降妖捉怪的經驗告訴他，只要找到妖怪的窟穴，妖怪大抵是跑不了的。成了氣候的妖怪總想經營一個或安樂或隱密的窟穴，而且頗有安土重遷的積癖。哪吒站在這裡，只是在等惠岸。

惠岸遲了大約半個時辰，才來到海濱與哪吒相會。他離開修山神廟的人們後，沿著哪吒走過的道路往東追趕，他不怕追不上兄弟，因為兩人身上各有一支托塔天王給的信香，在雲程上可以憑信香的氣味追縱對方。不過走了不遠，猛地想起一件事，他立刻撥轉雲頭向著來路飛去。飛到天柱山金毛犼住過的那座洞府，他進去逐間石室仔細搜尋一遍，確認沒有什麼人或妖怪再留在其中之後，先用移山之法移來一座小山把洞門遮得嚴嚴實實，又用佛門無相迷縱之法將那裡完全封鎖起來。他怕別的妖怪再利用這地方作為巢穴。

見到哪吒之後，聽說金毛犼就在附近一帶潛蹤，惠岸便說：「三弟，牠既然不戰而逃，勢必要找個地方藏匿起來，一時半刻不敢露面，難以很快找到。你在天宮有官職，終不能長期在中界陪著我尋牠。倒不如你權且回去，待我尋到之後，再找你來相助。」

哪吒想了想說：「哥啊，這個法兒倒也使得。只是你萬一和那孽畜狹路相逢，敵不得那三個鈴兒，說不定要吃虧。等我把九龍神炎罩、定風珠和渾天綾留給你，擒了妖孽再還我。」

惠岸說：「你只把定風珠借我一用就行。那天我看了牠的三樣法寶，我天臺山洞府有師父的羊脂玉淨瓶和八功德池神水，可以剋牠的烈火與黃沙。除了第三個金鈴，我對牠別無所懼。」

哪吒取出定風珠交與了他，又說：「哥啊，再用著小弟時不必親自來天宮，只須點著信香就行。」說完，登上風火輪直上九霄。

惠岸自回天山取玉淨瓶，他才發現原來那一群島子屬會稽郡的鄞縣，距離天臺並不遠。他回到洞中對白鸚鵡說了將金毛犼從天柱山趕到東海的經過。聽說他又立善功，白鸚鵡十分羨慕，要求下次帶自己去。惠岸知道此鳥隨師父聽經多年，一片慈心，常願去人間修些功德，便答應了。雖然知道菩薩早已在牠身上印下了金剛不壞訣印，等閒妖法傷不了牠，為防萬一，贈與牠一道隱身符，傳了用法，並且商定，牠不與自己同行，只在後面相護，必要時可去九華山求地藏王菩薩，他老人家必有定奪。

次日，一人一鳥，自哪吒不見了金毛犼的海岸之處飛入大海。但見得：

汪洋海遠，水勢連天。祥光籠宇宙，瑞氣照山川。
千層雪浪吼青霄，萬疊煙波滔白晝，水飛四野，浪滾周遭。
水飛四野振轟雷，浪滾周遭鳴霹靂。
澄澄碧波似平鋪，點點沙鷗若戲水。
弱水遙隱三神仙，洪濤直疑吞日月。
正是，百川注之不加深，尾閭泄之不見減。
巨鯨出沒三千頭，鯤鵬聲之九萬里。

惠岸先在高空飛了一圈，探尋這一大群島嶼的範圍。然後隱去身形，按下雲頭，半雲半霧，逐島察看。其中的大島，都有人煙，也有高嶺奇峰，不似妖怪窟穴，有些小島，孤零零的礁石露出水面，上面草木不生，料想金毛犼不會隱藏在此。他耐下心，細細搜尋了兩遍，一無所獲。同白鸚鵡打了個招呼，一先一後，飛回天臺山中。

次日，又搜尋了一天，依然毫無結果。第二天，惠岸變個法子，化身一個中年醜陋漢子，身著漁民服裝，在一個最大的島上，專向人多的地方走動，一邊聽著人們說些什麼。半日之後，在島的東南方，看到一夥十來歲的頑童，坐在礁石上正指手劃腳地議論。惠岸悄悄走近，揀一塊礁石坐了，細聽他們說些什麼，只聽到七嘴八舌地說：

「我說不出來就不出來……」

「我說出來就得出來。」

「怎地不見它出來？」

「時候未到哩，時候一到，自然就出來。上一個月我說它要出來，還不是出來了。」

「慢，這一回你說它什麼時候出來？」

「什麼時候？我要是說對了呢，敢來個賭？」

惠岸在旁邊插問：「小哥，你們說的什麼，出來不出來的，讓人聽不懂。敢是一件有趣的事？」

「說的是東邊的那個普陀山，那麼大一個島，有時就看不見，有時又出來了，怎麼不有趣？」

「那個島，叫普陀山，在什麼個方向？」

小兒用手一指：「就在那一方。」他指的是一片浩淼的碧波。惠岸用慧眼觀看，卻看出一點蹊蹺來。那裡的海面上罩著一層似有若無的薄紗，海邊上的人叫作蜃氣，惠岸卻認得，那是旁門左道中迷縱隱形之法。能夠練到這種似煙如霧的地步，法力不低。惠岸想：不論金毛犼是否藏在那裡，定有妖邪盤踞，應前去察看一番。

為怕那些小兒大驚小怪地聲張起來，驚動了妖人，惠岸故作不感興趣之狀，下了礁石，離開海邊，借個眼岔，隱起身形，向頑童們手指之處飛去。他緩慢地飛向那團蜃氣的上空，待用個撥雲法，分開煙霧，察看下邊是座山還是一個小島。誰料明明到了上空，眼微微一花，那團雲氣不見了。一回身，怎地就落在了身後。他暗吃一驚，妖邪居然用上了道家的六合大挪移法，可見法力實是不低。他想了想，招來了白鸚鵡，告訴牠自己要下到妖窟一探，讓牠在上空飛翔等待，如果自己過了十二個時辰還不回來，就把這香燃起，在此等待哪吒，隨即把信香交給牠。

這一次惠岸飛近蜃氣上空，取出地藏王錫杖，遠遠地一指，那個地方一陣五彩雲光變幻，倏地煙雲散去，下面出現了一個小島，但見青峰碧灣，怪石奇樹，復有銀濤吞沙，紫竹成林，竟是一片安靜祥和的境界。惠岸先喝了一聲采：「這麼清麗的所在，妖邪占著，實在可惜了，降妖除怪後，該請師父來建立個海天佛國，弘法道場。」接著，隱身而下。

他先落在山頂上，這山約高百丈，全島在目，看得清清楚楚。忽然，他覺得眼前略現昏暗，抬頭看時，天空白雲四合，遮去了日光。他知道上空又被封鎖了，想來妖怪已經發現有人進入島中。他想看看是何等模樣的妖怪盤踞此島，便在當地不動，以逸待勞。

不一會兒，山下一個洞中飛出了一道金光、一道青光。兩道光華相併，繞著全島電也似地飛旋幾匝，似乎在搜什麼。它們兩度在惠岸身邊飛過。惠岸已經看清，金光中是金毛犼，青光中卻是一個女子，手持一面小鏡，發出丈餘青光，頻頻四下裡亂照，惠岸知道那是專破隱形法的寶物，心想：我佛門大法，豈是你這小小魔鏡可以破得？仍然不動聲色，隱身立於峰頂。二妖搜索了一陣，毫無所得，現形落在洞口一叢紫竹林前，商議了一陣，青衣女子，雙手四下裡指畫，似乎在部署什麼，然後二怪相繼走入洞中。

不見牠們身影之後，惠岸自山頭上向那山麓之洞飛來。落地便聽到一股海潮的聲音，是從洞中發出的。又向紫竹林那邊望了一眼，見竹林似乎籠罩在極淡的青色光芒之下。不料，只看了一眼，便被那青光吸住了目光，彷彿不看不行似的。那青光由淡變濃，倏地青光盡去，變成了可鑒毫髮的一面大鏡子。漸漸地，鏡中出現了景物，樓閣房屋、林園樹木，是一處從未到過的去處，宛如仙境一般。這時惠岸漸漸忘記了身旁的紫竹林，便一步一步向鏡中的仙境走去。眨眼之間，哪裡有什麼鏡子，此身已經在仙境裡，正沿著白石鋪成的小徑向一座朱樓走去。還未走到，樓中出來七、八個身衣各色羅紈的美麗女子，很快地圍了上來，七嘴八舌問他是何人，從哪裡來。有的竟不等回答，伸手來拉，說道：「哥哥，隨我姊妹到樓裡去耍樂子。」

惠岸到底出家多年，定力深厚，女子出現時，心靈突然生出警兆，想起了自己獨身來此降妖的事，一時不知怎地走入這魔境中來，連忙合掌口誦《般若波羅蜜多心經》。經聲剛一出口，那群女子立即遠遠躲開，轉瞬之間，連樓閣房屋都不見了。

他停經四顧，忽見眼前現出另一景象，卻是白鸚鵡不知怎的到了金毛犼手上，正用人語叫道：「師兄，救我。」不由得怒上心頭，剛要取出法寶和犼怪決死一鬥，忽又一悟，發覺是妖人利用幻境引發自己七情六欲的。於是索性虛空盤膝而坐，用龍珠護身，坐起金剛禪來，不一會兒返虛入渾，物我兩忘，一切幻境俱無所見，那護身佛光越發明亮了。

與金毛犼在一起的那女子，原是盤踞普陀山業已數百年的鯖魚精修成的人身。普陀山本是靈山福地，山上多有靈芝瑤草和仙果仙藥，鯖魚精常常噴出海蜃之氣罩住此島，獨自潛修，從來不害生靈。遇著船隻遇險時，還送陣風兒將落水的人吹到附近有人煙的島上去。牠本來也是截教通天教主的弟子，和原被稱作金光仙的金毛犼是師兄妹，自從三教大會萬仙陣僥倖逃出性命之後，自己覓地潛修，以後也沒有投身魔教。牠把青靈聖母的舊名字收起不用，自稱青霞仙子。牠和金毛犼是幾年前偶爾在雲路上遇著的。牠勸金毛犼閉洞修練，不要傷害生靈。金毛犼不聽，事急反而投奔了牠。金毛犼求牠幫助奪回天柱山的洞府；牠反倒勸金毛犼即使不回到舊主人那裡，也不要再和他們作對，行法封鎖了上空，讓金毛犼躲幾天再說。

惠岸衝破封鎖進來，開始惹牠不快，牠覺得上門欺人，是可忍孰不可忍？雖然用寶鏡沒有察出對方的蹤跡，但牠斷定對方已經進入了普陀山，便在紫竹林設下了埋伏，用含光攝形之法引惠岸入竹林，又用自己元神大設幻境，以引動對方的七情。鯖者情也，這乃是牠的拿手本領，卻想不到惠岸禪定功夫十分深厚。牠一再揣測惠岸的心理，幻出與之有關的各種景像人物，怎奈惠岸不聞不問，視若無睹。鯖魚精用盡心計，奈何不了惠岸，惠岸不知對方虛實，一時也不敢妄動。雙方相持不下，轉眼之間，過了十二個時辰。

白鸚鵡見惠岸到了所約的時刻，不見出來，那島子又隱形不見了，便取出信香，張口噴出三昧真火燃著，然後飛回東海岸等著。不一刻，一團火雲自高天飛下。牠連忙展翅迎上。來的果然便是哪吒。白鸚鵡將惠岸交代的話說了，一人一鳥飛到普陀山上空。哪吒已經看出有旁門迷蹤之法封鎖，又看出對方法力很高，像這樣既非當面出戰爭個高低，又非閉上洞門不敢應戰，卻不動聲色設下埋伏誘人上當的妖怪，還是第一次遇到。他估計惠岸一定失陷在下面，勢必下去救人才行，但他不願意憑著一己之勇去冒險，想了一陣，他讓白鸚鵡仍然隱身在高空觀察，說自己去去就來。

卻說青霞仙子和金光仙（金毛犼）自從困住惠岸之後，就商議著最好把他擒住，或殺掉，或關入洞中，為的是怕他逃去，找來幫手報仇。青霞仙子極不願意這個仙境一般的棲身地被外人所知，那就會帶來數不清的麻煩。無奈，牠以幻境迷人心智，惠岸禪功湛定，只能困住，無法傷他。好一陣，牠想用自己一件至寶迷仙網冒險一試，又怕傷了自己心愛的法寶。舉棋不定之際，隔著封鎖的蜃氣看見哪吒來到上空。

金光仙被哪吒追得落荒而逃、好容易搶先一步進入普陀山之後，已經把這個追趕自己的小郎如何厲害告訴了青霞仙子。牠卻看不出這個頑童似的少年有多大本領，便安慰金光不必害怕，此人要是膽敢衝雲而下，一定連他一齊困住。後來又看到哪吒飛走，和他對話的白鸚鵡也不知去向，於是邀金光仙去洞中略事歇息，並且從長計議如何處置惠岸。

正在洞中交談，青霞仙子忽然驚叫一聲：「不好！」立刻張口噴出一片青光，光華變幻了幾次，立刻變成一面大鏡子，懸在面前。從鏡光中看出，上空九條四爪金龍口噴烈火，蜃氣被烈火燒得如碎棉斷絮、七零八落，上面的封鎖已經完全失效。九條火龍倏地不見，卻見哪吒足登風火輪、手持尖槍，凌空而下。

金光仙便催著青霞仙子出洞迎敵，牠卻說：「且慢。看他是否破得了我的含光攝形之法。」原來哪吒已經走近困住惠岸的紫竹林了。

竹林中又出現青光幻成的鏡子。鏡中的亭臺、房屋、美女，景物走馬燈一般連連變幻。怎奈哪吒是蓮花化身，一切迷神之法對他全然不能生效，反而被他看出這片竹林的蹊蹺。他見眼前的青光與封鎖上空的同一家數，便取出九龍神火罩，想燒它一下子試試。他手一拍此罩，九條龍一齊飛起，他用手一指竹林中那面清光澄澈的大鏡子，九龍口中立刻各噴出一道火光，聯成熊熊大火，飛入竹林。

「不可毀我竹林。」哪吒聽得空中一聲嬌叱，看時，一青一金兩道光華從外面直射入林中，還未落地，一道白光已迎上烈火，鬥在一起，急閃目而視，光華斂處，現出金毛犼和一個青衣女子。女子口噴一股丈許粗的清泉來滅烈火。哪吒看了，心中暗笑：我這火乃是九天靈焰，三陽真火，不比那凡火，你那水如何澆得滅？誰知這青霞仙子口噴之水亦非俗間之水，是由鯖魚精多年修練的丹元之氣化成。對峙了一陣，誰也壓不下誰去。

青霞仙子恐怕時間一久，丹元受損，便說：「我知道你叫哪吒，頗有些手段。卻只怕在我這普陀山討不了便宜去。有膽量的，和我到外面寬闊之處鬥法，省得要中展不開手腳。」

哪吒說：「好，且看妳這婆娘有多大法力。」他卻不知道惠岸就被困在竹林中。青霞仙子怕被他識破救出，故意將他引開。

三人到了一片海邊廣闊的平沙上，青霞仙子口中念誦咒語，將手一揮，立刻海中湧起了大潮，洶湧的海水陡然暴漲了數十丈，向著哪吒當頭壓下。

哪吒笑道：「倒海之術，修道之人哪個不會？我要是用此法將海水倒驅回去，也不足為奇，我這裡有個小小的法寶，看能不能破妳這倒海之術。」說完取出一粒黃沙向海水扔去，立刻一片黃光包向百丈波濤，不但百丈狂濤平息了下去，而且有數里路的海面被一大片平沙蓋住。原來哪吒怕這婆娘再運用玄陰之水雜入海水之中來制自己，心想，給個厲害讓妳見識見識，便把一粒才從天宮取來的息壤投了下去。這息壤乃是天府至寶，昔年大禹的父親鯀，曾經從天帝那裡偷了去治滔天的洪水。

鯖魚精哪裡識得此寶，以為哪吒用了五行相剋之術，懷中取出一段青翠欲滴的樹枝，向那新生出的沙上壓去。

哪吒見牠用乙木之寶去剋自己的戊土之寶，連忙收回息壤，卻見樹枝落在海灘上，迅速長成一排大樹，樹頭發出十丈青光射向自己，便哈哈大笑，取出乾坤圈套來向空中擲去。那圈兒乃是西方太乙真金煉成之寶，專剋東方甲乙木。只見一環白光向巨木圈了過去。青霞仙子趕緊一招手收回乙木之寶。

哪吒更不緩手，一指乾坤圈，漲得如車輪般巨大，壓向青霞仙子。青霞仙子知道此寶厲害，身子一搖，一下子縱入海中，化成一條數十丈長的鯖魚，噴出內丹，一團青光，敵住了乾坤圈。金光仙見師妹已經情急拚命，急忙就地一滾，現出本相，也噴出內丹，一團金光，向哪吒面門打去。哪吒腳一踢，一隻風火輪飛了出去迎上。另一隻卻去燒金毛犼。犼怪丹元已噴出，不得已，背一搖，常用的兵器巨杵飛出，恰恰抵住。

鯖魚精趁哪吒分神迎敵金毛犼之際，張口噴出一團極淡的青光，化作巨網，向哪吒網去。哪吒的化身是三頭六臂，眼觀六路，早已看出，忙放出渾天綾去抵擋，但覺得網壓力甚大。心想這婆娘法寶層出不窮，要想勝牠，須尋個幫手來。用手一招，收回法寶，渾天綾一片紅光護身，沖天直上，飛離小島。方想是否逕去灌口尋找我好友楊二郎相助。忽然一陣香風吹過，雲中顯出一個儀態萬千的女子，左右各有一個美貌女童，哪吒見女子頭上一團極淡的佛光，知道乃是佛菩薩之流。

哪吒剛要上前詢問，一女童將臉一抹，變成了一個白猿，牠向哪吒高叫：「三太子，想是應師兄邀請，到中界降妖來了？」

哪吒說：「妳不是在佛祖座前聽經的白猿嗎？如何也來到中土？」

白猿說：「我如今有了名字，叫做靈兒了。靈兒奉佛旨跟隨觀世音菩薩，就是從前觀自在菩薩。隨菩薩到東土傳道，如今正在找惠岸師兄。」

哪吒雖然知道菩薩有眾多化身，卻想不到這次竟然化身女子。但是仍然恭恭敬敬地上前參拜。

菩薩含笑問他：「見著你阿哥了？」

哪吒回答：「哪裡來得及找二哥，剛到下面就被兩個妖邪纏住了。」

「可看出是什麼妖邪？」

「弟子為此，特地去天宮取來照妖鏡。還未等使用，牠們自己就現出本相來了。一個是您老人家的坐騎，另一個卻是好大好大的魚，慣於噴雲吐霧，大弄伎倆。」

哪吒與菩薩談話時，白鸚鵡已然飛下，落在菩薩肩上說：「菩薩不來，想煞雪兒了」。

觀音撫著牠的羽毛說：「你又精進了。」然後對哪吒說：「我在路上遇上兩件功德事，收了一個徒弟。」說著一指龍女：「就是讓惠岸多受一次魔劫了。不過，無魔不成道，他一直跟在我身邊，少了歷練，這一次離開我，定力增長了不少。賢侄，你就不必去灌口了，隨我覓個地方商議一下，明日一同來救他不遲。」

哪吒心裡有點疑惑：「如今就去救他不是更不遲嗎？以菩薩的法力，還商議什麼……」他不好意思問出口，觀音卻宛如知道了他在想什麼，慢聲說道：「惠岸是代師受此魔難，否則，無緣消受這洞天福地。」她又對白鸚鵡說：「雪兒，當前帶路，到天臺山去。」

柒
七色般若
鬥青鸞

惠岸尋覓的那座洞府，在天臺山主峰南麓山腰的一個小谷地裡。四山蒼松翠柏，山坡上多處點綴著竹林。這時雖已春晚，此谷卻花事正繁，萬紫千紅，爭奇鬥豔，絲毫沒有「開到荼蘼花事了」的意味。更難得的是，此處既不當上山的要道，沒有什麼人家，又四山奇險，連個樵徑都沒有，真個幽靜絕倫。觀音一見，心中稱讚惠岸果然是個虔心修行的人。將來他成道時，大可以讓他在此山建立道場，弘揚我大悲一脈（注十）。

雪兒引路進入洞中。那洞不太寬大，卻十分整潔，地平如砥，洞頂懸了一顆寶珠，光線柔和，給人以安謐的感覺。洞中一個石案，放置西方帶來的梵文貝葉經。一個形制奇古的香爐，升起了嫋嫋香煙，作旃檀味。案上還有一瓶一缽，地上兩個蒲團，幾條石凳，此外別無長物。雪兒說，上首的蒲團是供菩薩用的，惠岸從未坐過。這時觀音跏趺坐於其上。雪兒請哪吒與靈兒、龍女石凳上坐了。哪吒見菩薩正在入定，便沉默著等待。

不一會兒，菩薩出定，睜開雙眼對哪吒說：「賢侄，適才你有些奇怪，為何我不立即去救惠岸，又說出受魔難的話兒，如今你看。」說著，頭上那圈佛光飛起懸向空中，放大光明。光中先是現出惠岸在紫竹林的懸空趺坐，外面被一團極大的青氣籠罩著，青氣如走馬燈一般不時現出種種幻象，人淡如煙，似虛似實。惠岸雙目平視，似乎在看那些幻象，又似乎沒有看到那些幻象。

菩薩用手一指，金光中換了另外一個圖面，也是一個山洞，那洞極寬大，洞頂之石宛如水晶，攝入天光，因此光明如洞外，全無幽暗的感覺。洞中又有無數鐘乳石，被光線照著，幻成五顏六色，十分美麗。洞中陳設宛如少婦閨房，日常用物，應有盡有，且都華貴之極。鋪有錦裀的三個坐榻上坐著金光仙、青霞仙子和一個頭戴金冠，上垂纓絡，身著素羅袍，寶藍肩帔，下身著玄色長裙、珠履，年約三十左右的女子。那女子面容極為美麗，然而容色過白，又有一雙碧瞳，使人看了頗有詭異之感。她正滔滔不絕地說著什麼，金光仙與青霞仙子作恭聽狀。哪吒等人道力還淺，一時聽不到她在說什麼，但是知道，菩薩所說的魔難，必定和這個新來的女子有關。

菩薩收了佛光，對哪吒說：「我要你們先回到天臺山來，便是為了避免和這個魔女在普陀山上空狹路相逢。」

哪吒不解地問：「她既是魔教門下，師伯為何還要躲她？聽家兄說，師伯東來為的就是降魔除怪嘛。」

觀音反問他：「你在天宮，莫非不聽說近來有天魔混世的警兆？」

「沒有，從來沒有哪位天神說起。據弟子所知，就連兜率宮的道祖也沒有說起。」

「是了，也許天宮的神將沒有人身罹此劫，所以道祖沒有委派教下弟子降臨中界，協助消弭這一劫數。魔教大阿修羅要趁數百年一次道消魔長的機運，派出大批魔子魔女，或經輪迴轉生為人，為昏君、為奸臣、為盜匪、為惡人，務使天下大亂、民不聊生。或不經輪迴而降臨中界，專門誘惑、干擾釋、道兩門的弟子修士，使成道者敗道，未成道者則助長七情六欲，最終引入魔教，終生不得正果。我和其他幾位菩薩，奉佛祖慈旨，為抵禦他們而來中土。我轉世之後，已經兩次遭遇天魔之擾。惠岸隨我東來，也難逃此一劫。我如果剛才便救他出困，本非難事，然而他以後終須應劫。所以我把你們喚來，想要……」

白鸚鵡急急問道：「雪兒是否也要應劫？」

「你還未修成人身，不入此次劫運。」觀音回答了一句，又接著對哪吒說：「我想派一個人隱形潛入島中，將一道神符交與惠岸，先護住他，然後我率領靈兒等入島，內外合力，至不濟，也將他們趕走。」

哪吒和靈兒一齊說：「弟子願意入島去送神符。」

觀音先對白猿說：「你雖然有兩件降魔法寶，道力尚淺，不是他們的敵手，隨著我入島為好。」又對哪吒說：「那新來的魔女名叫太陰聖母，最擅長吸人元神，你將帶去的神符交與惠岸佩在身上，可以抵禦太陰吸神之法，你又是蓮花化身，無元神可吸。記住，你們只守不攻，直等到我進入島上，然後用你所帶的照妖鏡察看太陰夫人的本像，待我設法降伏她。」哪吒答應著，接了神符，向菩薩問明用法，用天府祕傳隱身法，隱身而去。

卻說惠岸自從運用金剛禪功之後，已不為青霞仙子所設的幻境所擾，時間久了，料知白鸚鵡一定用信香向哪吒求救，便時刻注意紫竹林內的埋伏是否有變化。這時正是哪吒獨戰金光仙與青霞仙子之時，鯖魚精無暇再設幻境，惠岸運起慧眼，已經遙遙看到，紫竹林外時有霞光閃耀，知道援手已到，方欲以龍珠護身，衝出紫竹林與哪吒相會。誰料鯖魚精七情迷神之法未撤，惠岸心神一動，幻境又復出現。恍然間見到哪吒的九龍神火罩放出百丈烈火，追趕著金光仙和青霞仙子，眼看來到自己面前。心中大喜，便要放出吳鉤劍相助。誰知就在此時，護身的龍珠寶光減弱，心靈猛然一震。幸虧他禪功深厚，立刻覺得自己妄動七情，險些被意魔侵入，破了禪功。連忙收劍定神。

哪吒二番來到普陀山上空，見封鎖的青雲依然如故，他怕驚動了三個妖人。暗用火尖槍一指，將青雲燒穿了一個小孔，然後用斂身入密之法，化身一線紅光，從小孔中穿下。他不去潮音洞，逕自飛向紫竹林。入林後，看不到惠岸，卻看到有一團半畝方圓的青氣，心知二哥便困在其中。想了想，反正只要在那個什麼太陰聖母來到之前將神符與二哥就行。索性一不做、二不休，破去它這團青氣再說。便取出神火罩，由九龍噴出乾天真火去燒那青氣。果然一物剋制一物，片刻之間，青氣散盡，便看到惠岸霞光護體，懸空趺坐。連忙收回九條火龍，喊了一聲：「二哥。」誰料惠岸明明張目看見自己，卻面無表情，宛如未見。

哪吒不知惠岸把他當成了幻象，不敢妄，還以為他被魔法所傷，心中吃驚，忙把觀音交與的神符取出，口誦真方，方一展動，立刻此符脫手而出，化為一大片金光，將惠岸連自己一同裹入。神符一照，惠岸認出乃是佛家大智慧光，知道這回真是兄弟來援，便收了護身寶光，起身相見。

哪吒匆匆將觀音帶著靈猿、龍女已來東土的事告訴惠岸，又傳了神符收發之法，說：「妖人知道你已出困，很快就會趕來，阿哥你只管操縱神符護身，我來迎敵。」

惠岸答應著，卻說：「竹林內狹窄，不如到林外與他們交戰。」一手捏靈訣一揚，大智慧光護著二人到了林外。

青霞仙子早見洞中飛出一朵白雲，其中擁著二人，還在空中，便嬌叱一聲：「大膽頑童，又是你擅自闖入我仙山，毀我仙陣，這一次容你不得。」一張手，現出青光直逼哪吒二人。

哪吒要看神符之妙用，並不還手。那雷火撞到二人護身的金光上，散作萬朵青花而滅，金光卻巋然不動。

青霞仙子等三人已落在平沙之上。哪吒不語，且看對方怎麼施為。

青霞仙子又張口噴出青氣，似欲布成幻境，重施迷神伎倆，誰料惠岸口誦真言，用手一指，護身神符的金光中分出一線，直射青氣，青氣立刻變得淡了一些。太陰聖母大喝一聲：「急速收法，不然元神必有損耗。」青霞仙子應聲收回青氣。

太陰聖母對惠岸、哪吒一笑：「你們認識我嗎？」這一笑，立刻使得她那慘白的面貌增加了幾分嫣紅，而且面容曼妙，美目似盼，眉梢含春，竟在一剎那間變成一個風情萬種的婦人。惠岸久在佛門，已經修到無眼耳鼻舌身意的地步，對此美色，視如不見。哪吒雖具蓮花化身之體，終是天宮的神道，不能絕去情欲，不免多看了幾眼。誰知那太陰聖母一個眼風飛了過來，他立刻覺得血脈賁張，雙目如火，就要飛身出去撲向那太陰聖母，幸而有神符寶光相隔，一掙沒有掙出去。

惠岸猛然覺得護身神光一震，轉頭看時，見哪吒神態有異，又向寶光外面一看，不知何時，多了四名魔女，二人輕歌曼舞，二人舉手向哪吒連招，她們那邊手一招，哪吒這邊便作向前猛撲狀。他看出哪吒已被魔女攝神之法所迷，趕忙挽金剛訣印將哪吒罩住，自己又運起金剛禪功，想以禪定消去乃弟所中的魔法。

豈知這太陰聖母並非等閒，她的魔法遠在青霞仙子之上。她原來志在吸取惠岸的元神，迷住哪吒，是為分散惠岸的注意力。現在她見惠岸開始一心二用了，一拍手，立刻四個魔女一張口，四股淡若煙霧的綠氣合成一個霧陣，將二人連同其護身寶光一齊包住。

惠岸見濃霧隱去了太陰聖母同魔女，哪吒神智已經恢復，便放了心，並沒有把濃霧放在心上，但不久，身上開始有了灼熱的感覺，越來越熱，幾乎有點抵抗不住了。他自從練成法身以後，已是入水不溺，入火不焚，想不到如今有了被火焚燒的感覺。他不知太陰聖母練成的這蝕神陰火與佛、道兩家練的三昧真火及純陽佛火不同，即使有法寶護身，只要心神不能專心主持護身之寶時，便能身受感應，若被燒灼。如果再一驚慌失措，護身之寶立刻失效，身軀被魔火燒成飛灰，元神即被太陰聖母收去。惠岸恰是在分心救護哪吒時，著了道兒。

他一開始，又想飛起龍珠護身，心略一分，便見護身寶光又黯淡了一些，身上火灼一般的感覺沒有了，卻又似附入冰窟中，凍得打顫。幸而跟隨菩薩多年，道力深厚，痛苦之際，仍自未忘坐金剛禪。漸漸地，雖然身上一陣冷一陣熱，卻也忍受得住。

哪吒神智已經恢復，他剛才的一段遭遇，雖然似夢境一般，卻依稀記得。他因為心靈未再被惑，因而感覺不到魔火蝕神的痛苦。只是他見到在一團極淡的綠色煙霧包圍之下，那護身神符的寶光似乎黯淡了些，再回頭看惠岸時，但見他正坐著金剛禪，卻雙眉深皺，周身發抖，似乎在強忍著某種痛苦，忽然想起菩薩交給神符時的話，有此符護身，不應為魔法所侵，忍不住問了一句：「二哥，你怎樣了，莫非中了魔法？」

惠岸心神已經恢復了靈明，只是不敢分神說話，便作了個手式。哪吒頓時明白了，那是要叫自己主持神符；便凝神定息，口誦真言，用手一指。護身神符立時金光大盛，將綠霧蕩開。就在此時，太陰聖母見魔火沒有甚大的效力，用手一揮，魔火隱去，萬把金刀四面飛來，向著神光攢刺。幸而正巧趕上哪吒施法，金光暴漲之時，恰好抵住了金刀，雙方又成了相持的局面。

魔火一撤，惠岸身受的燒灼之感也逐漸消失了。他覺得元神似乎受了點損傷，便囑咐了哪吒兩句，自己坐禪入定，凝煉元神。哪吒這一回不敢大意，一心運用神符，全不管對方如何施為。

太陰聖母見金刀無效，取出一個葫蘆，揭去蓋兒，用手一指。幾十道黑氣飛了出來，就地一盤旋，化作了數十名赤身少女，圍著寶光轉了一圈，先是眉挑目招，然後排成幾排，載歌載舞起來。這是太陰夫人練成以後輕易不用的大衍天魔陣，不論道力多高，只要目光一被魔女吸住，便聽憑魔女擺布，身心不能自主了。她本來是奉阿修羅魔王之命，用以對付佛祖如來派往東土的四大菩薩的。因久戰惠岸、哪吒不勝，被他倆激怒了，忍不住便施展了出來。為了迅速見效，她身子一搖，從金冠到渾身衣履紛紛卸下，想用自己法身指揮四十九名天魔，合成大衍之數，先迷倒二人，搶在觀音趕到前奪了他們所有的法寶。

太陰聖母指揮著四十九名天魔發動大衍魔火去煉化二人的護身神符，天魔紛紛口噴烈火，向惠岸二人的護身光幢燒去，忽然，空中飛下一條金龍，同樣口噴烈焰卻是燒向天魔。太陰聖母一看來勢，已經認出那是佛門至寶，料知是觀世音菩薩來了。她並不畏懼，眨眼之間便又恢復舊裝，四十九名天魔又化作黑氣飛入葫蘆之中。她用手一按頂上金冠，金冠上射出十丈金光，抵住了加持寶杵所化的金龍。幾乎同時，一朵祥雲，擁著觀音、龍女、靈兒在空中現身，白鸚鵡停在觀音肩上。

青霞仙子喝問道：「兀那幾個女子，妳們是何人，為何無緣無故到我普陀山亂闖，還想肆意用法寶傷人？」

觀音微微一笑：「貧僧法名觀世音，來這普陀山，頭一件是要救出被你們困住的弟子惠岸；第二件是要找回貧僧轉世之前私自逃走的坐騎金毛犼……」

太陰聖母帶有鄙夷之容，哼了一聲：「我倒是聽說你們釋教有什麼比丘尼，是女子出家的稱呼，妳這個婆娘自稱貧僧，可不是奇怪？」

青霞仙子隨聲附和：「我困住的是膽敢上門欺人的兩個男子，中華大邦的禮法男女不同席，他們怎麼又成了一個嫩婆娘的弟子了？」

金毛犼原來一直害怕舊主人尋來，如今一看尋來自稱自己主人的原來是個女子，除了惠岸以外，根本不認識白猿和龍女，也就不那麼害怕了。牠原知道太陰聖母昔年在截教中的地位。心想真要敵不住這幾個女子時，就隨著聖母投入魔教，聽說就連他那佛祖來了，也無奈魔教何。膽子一大，就想試一試對方的本領，於是取出三枚金鈴來，先搖了搖第一鈴，幾十丈烈火向觀音等三人燒去。

觀音一指加持寶杵，金龍一面抵住太陰聖母金冠上射出的寶光，猛然一轉頭，一股烈火噴向惠岸、哪吒二人存身之處，將青霞仙子的七情迷神留下的無形禁制完全焚化；一招手，二人立刻飛向觀音。

惠岸立刻叩見師父，觀音一面指揮加持寶杵所化的金龍，以火制火，用烈火抵住犼怪金鈴中的火，一面問：「玉淨瓶呢？」惠岸立刻取出，雙手呈上。

金毛犼見第一個鈴兒無功，便搖動了第二、三兩鈴，罡風黃沙剛一湧來，觀音取出淨瓶中楊枝，揚手飛向空中，楊枝雖然不大，灑下的霏霏雨露卻覆蓋了周圍一里有餘的地面，三個金鈴所發出的烈火、罡風、毒沙，熄滅的熄滅，停止的停止，消失的消失。金毛犼一見羊脂玉淨瓶出現，便知道真的是舊主人來了，一時發起怔來，拿不定主意是否逃跑。就在此時，三支金鈴自動脫手飛去，落在觀音袍袖之中。觀音同時大喝一聲：「賢侄，速取照妖鏡照住牠的本像，免得孽畜騰挪變化逃走。」霹靂一聲，觀音現出法身來。但見：

面如傅粉，三首六臂。二目中，火光焰裡見金龍；兩耳內，朵朵金蓮生瑞彩。足踏金鼇，靄靄祥雲千萬道；手托寶杵，巍巍紫氣徹青霄。三寶如意擎在手，長毫光燦燦；楊柳淨瓶在肘後，有瑞氣騰騰。正是：普陀妙法莊嚴，方顯慈航道行。

金毛犼一見，正是主人昔年在四象陣中降服牠時的法身，那三寶如意又正是牠的剋星，才想起來逃跑。可哪裡還來得及。在三寶如意三色寶光照耀下，打了一個冷顫，不由得就地一滾，現出本相來。惠岸取出縛妖索穿入牠鼻孔中，牽了過來，觀音擲出一道靈符，貼向牠背上，變成金蓮寶座，觀音收了化身，一縱祥光，坐了上去。

大陰聖母晚了一步，見觀音一現出法身，已經知道金光仙難逃此厄。但她也不畏懼觀音，還想保護青霞仙子。她冷冷地對觀音說：「妳把金光仙道友擒走，妳的弟子也沒有損傷一根毫毛，妳還想怎樣？」

觀音本來看中了這普陀山山靈水秀，想著把青霞仙子收伏，自己便將此地作個道場，開山傳教，無奈要占住人家的洞府這話，不好說出口來。想了一想，便說：「事情已了，我們告退。」

「妳的話兒說得輕巧了些些。闖山尋事，擒走了我們道友。要來便來，要走便走，未免欺人太甚！」

哪吒早已受了觀音囑咐，藉著防金毛犼變化逃走之際，已經用照妖鏡向青霞仙子和太陰聖母各自照了一下，只見鏡中的青霞仙子是一尾極大的鯖魚，周身青氣圍繞，顯然是個成道多年的精怪；鏡中的太陰聖母卻是一隻青鸞，周身也是護了一團青光。便尋個機會悄悄告訴了菩薩；觀音一聽，有些為難。原來這青鸞乃是五鳳之一，本為神鳥，如今脫胎而成人體，少不得有千年的道力。她要與自己鬥法，既無必勝她的把握，又不能傷了她。因此有些躊躇，一時不好作答，只好隨口答說：「依道友看，此事如何了結？」

「聞聽你們釋教一直在西牛賀洲傳教，教主還自稱什麼佛祖。四大部洲，你們占了一洲，無人與你爭競也就罷了。如今為何成群結隊地來到我們南贍部洲？本洲一向為道教和我大阿修羅教安身立業之地，你們所為何來，敢直言相告嗎？」

觀音聽她不答自己的話，卻問自己東來之意，料知魔教已有戒備之心，自己東來弘教，原是為了破解天魔混世所帶來的劫解，雖然不避諱說出，但為了他魔教以為佛教對他們咄咄相逼，也不便直說我們是專為對付你們而來。於是淡淡地說了一句：

「何為成群結隊？」

「你們先後占了五臺山、九華山、峨眉山，到處大肆蠱惑愚民，驅趕我大阿修羅門下，妳當我們不知道嗎？如今妳又窺伺我這青霞阿妹的洞府，居心大是叵測。妳今日不說個清楚，說走就走，也沒有那麼容易。」

「我西方聖人之教，原為渡有緣之人於淨土世界而建立，何處有有緣人，就到何處渡世。要問我為何來到東土，只因東土眾生，一向有萬千煩惱，生活在苦難之中，我來是為了救苦救難。恐怕不久這個用心也有目共見，說不上什麼叵測。」

「那麼為何妳一路東來，盡與我教為敵？」

「如有人製造苦難，陷害眾生，我佛有降魔救人的教導，不得不導。」

「好一個降魔救人，我便是你們說的那個魔教教下，今日就看看妳怎麼個降法。」

「離開靈山之時，我便許下心願，以救渡眾生苦難為主。至於貴教，不害眾生，便不去管它。我絕無心招惹貴教，真要有事呢，貧僧也不怕事。」

「好，今天就為了你們上門欺人，本聖母就要招惹妳一回，且看妳怎麼個不怕事。」說完，用手一按金冠，冠上射出的金光大盛，緊緊纏住了加持寶杵。又張口噴出三顆明珠，分紅白青三色，迎風化為栲栳(注十二)大的光華，向觀音等人當頭壓下。

在十丈開外，眾人便覺冷氣森森，教人直打寒噤。觀音雖然不認識此寶，料得可能是青鸞千來年吞吐日精月華、經過坐功、坎離配合、搏煉而成的內丹之類的法寶。倘若真是此類法寶，一定與青鸞性命相連。休說不易抵擋，就是能夠用法力勉強制住，也不敢毀傷，否則造下惡因，因果輪迴，不知要糾纏到幾時。意念電閃之間，三團奇光已將眾人連觀音一齊罩住。

觀音一拍天靈蓋，十丈金光擁出了三頭六臂的法身，一舉手，三寶如意的五雲頭上也發出三道光華，迅速展開來，抵住了太陰聖母的法寶。旁人不知，觀音卻覺得三寶如意所承受的壓力奇大，不敢絲毫大意，運用全副心力，抗住了太陰聖母的兩件法寶。

太陰聖母似乎也全力以赴，不敢旁騖，眼睛一瞬也不瞬地盯住觀音的加持寶杵與三寶如意。然而連菩薩也沒有注意，她暗中用左腳踩了一下青霞仙子的右腳，青霞仙子不動聲色地取出一顆珠子，大若龍眼，其色漆黑，發出一種幻異的烏光。她抖手向著觀音身旁的哪吒打去。

哪吒適才與她們交過手，已經領教了對方的本領，知道她們雖是精怪修煉而成，本領卻是不弱，那層出不窮的法寶全都不是凡品。見這口黑珠輕飄飄地飛來，想用乾坤圈將它擊落。又想到菩薩神通廣大，自己雖有幾件降魔法寶，她老人家沒有吩咐，不宜班門弄斧，便忍住了沒有出手。

白猿靈兒生性好事，又得了佛祖所賜的兩件法寶，早就想遇個機會發發威風，如今當了惠岸和哪吒的面，更忍不住要賣弄。沒有跟任何人商議，取出離垢環向那黑珠打去。原以為兩寶相逢，總要相持些時候。沒想到一團金光剛與黑珠相撞，黑珠立刻被擊得粉碎，化成千萬點芥塵一般的黑光，四下飛揚。

白猿方正慶幸自己的法寶厲害，誰知太陰聖母巽方吸一口氣，向萬點黑塵吹去，立刻一陣狂風亂起，吹向西方。須臾風定，黑珠早已不見。太陰聖母大笑道：「這普陀山權且讓你們住上幾天，不久我們還要回來。」聲音剛住，滿天青光一閃，連青霞仙子一齊，無影無蹤。

注十：觀世音的法號原稱大悲。據《大智論》解釋：「大悲與一切眾生樂，大悲拔一切眾生苦。」

注十一：栲栳，竹製或柳條製的盛物器。《初刻拍案驚奇．卷十七》：被他趕著，一鞭打在腦後，猛然驚覺。自此瘡越加大了，頭脹如栲栳。亦作巴斗、笆斗。

捌 楊枝法雨消天瘟

太陰聖母一走，觀音立刻收了化身與加持寶杵、三寶如意，眾人剛圍上來與菩薩相見時，她卻向天嗅了一嗅，然後微一皺眉，就地趺坐，入起定來。只有惠岸知道，一定有什麼意外的事發生了，便站在菩薩身後護法。哪吒張口要問什麼，惠岸搖手止住，眾人只好屏息以待。

良久良久，觀音方才張目出定。她先對哪吒：「這一次有勞賢侄了。如今此間事情已了，天宮也離不開你，回去後可向令尊面前替我問候。」等哪吒告別眾人回轉天宮以後，觀音站起身來，未曾開言，先嘆了一口氣。

惠岸問道：「狁兒歸來，妖魔被師父驅走，她說將這靈山福地送與我們。師父入定歸來，似乎對這件事有不滿意之處，莫非那兩個妖魔言中有詐嗎？」

觀音說：「那個太陰聖母趁我無暇分神之際，支使青霞仙子留下了禍害……」

「什麼禍害？」惠岸和白猿齊聲問。

「那個黑色珠子，原是魔宮散疫之物，最為惡毒。我一時沒識出，任憑你們將它震碎。如今疫毒已經隨風散向四方，無法收回。大約不出十日，瘟疫就要在這一方散開。此事此非種因於我，我一時疏忽，也不能辭其責。如今，當務之急便是察明受災之處有多大，想什麼法兒去治療。」又嘆了一口氣：「就是能平息這一方瘟疫，卻不知有幾多人無辜喪生。」

惠岸說：「師父不須憂慮，只要想出救治的法兒，弟子等分頭去人間救治，拚著幾十天不食不眠，也要免使這一方生靈遭災。」

白猿在旁忿忿地說：「她兩個賊婆娘，竟敢做下這等壞事，待我去尋著她們，給她個厲害看看。」

觀音本已修得五蘊皆空了，聽了這話，卻微微有些不悅，說道：「你這個猴兒，闖下了禍，我原諒你無心之失，沒有怪你。你不去學你大師兄一樣想著如何去救眾生，卻還要去惹事，再要這樣下去，實在難以容留你。」

白猿嚇得連連叩首說：「師父不論怎生處罰，莫把靈兒趕走，靈兒情願將功折罪。」觀音擺手讓牠起來，四下裡瞭望，指著那洞說：「到裡面說話。」

這洞便是有名的潮音洞。這潮音洞原來只是山石的裂罅，下面怒濤湧入，激蕩成聲，若海潮之音。然而其中，頂如圓穹，下面占地甚大。大約是這個青霞仙子，用丹氣把潮水逼住，入洞之路鋪以晶石，水在晶石以下，偶而見有魚蝦遊過。洞中，地面已經劃得其平如砥，四壁雖有凸凹之處，仍顯得十分對稱，只是，約三、四畝大的地面空空蕩蕩，除了幾處石案、石凳之外，陳設之具一切皆無。石壁右側，有一圓形洞門。觀音當先走了進去，便覺眼前一亮。原來這個小洞宛如人間閨閣居室，榻、屏、幕、帳、几案、坐具之外，一切臥室所需之物，應有盡有，洞頂洞壁，錯錯落落懸著七、八顆明珠，使人幾乎忘記身處深邃的洞中。

觀音暗歎：這個青霞仙子畢竟是旁門左道，居室如此華麗，怎能安心修道？目光巡視了一遍，落在案上一對水晶小盂上面。她過去取來看了看，隨手納入袖中，然後帶領眾人到了外面，吩咐他們各揀一處石凳坐下。

觀音口誦靈咒，將那兩個水晶盂放在石案上，右手食指尖射出一道火光，圍著雙盂燒煉了一陣，停止持誦，收回火光。取出玉淨瓶，將其中的八功德池水傾注入雙盂之中。又取出楊柳枝，道了一聲「疾」，楊柳一分為三。接著對惠岸、白猿說：「你二人各持一盂，由此向西登岸，一個向北，一個向南，在百里方圓之內，凡是水井，飲用水的水塘，江、河的上游百里處，都用楊枝蘸水，灑上三遍，晝夜施作不停，限三日以內灑畢，不得有所遺漏。要隱身而行，不要被人發現，多費口舌。無論遇到何事，不許伸手去管，以免耽誤了救人。」

兩人答應了，就要立刻飛走。

「且慢，那太陰聖母頗為狡詐，說不定從中作梗，不可不防。都要帶著護身法寶，遇上她們時，用法寶護身，從金剛禪。切記只守不攻，我一定去救你們。」

於是惠岸、靈兒領命辭別菩薩，去了。

觀音帶著龍女和白鸚鵡雪兒圍繞全島巡視一遍，轉回潮音洞。她取出三寶如意交與龍女，傳了用法，告訴她留守本島，白鸚鵡與她作伴。自己要去西路及附近諸島走上一趟，也是以八功德池水灑向人家飲水處，順道解救一下當地黎民疾苦，作些功德。自己離島後便用佛法掩去此島的形跡，對惠岸和靈兒，傳與出入之法，外人就是算出本島的位置，硬衝也進不來。那三寶如意也不過備而不用。不過，萬一有強敵衝破封鎖，侵入島中，有此寶護身，也會有驚無險。龍女對觀音的囑咐，一一領受，與白鸚鵡目送觀音飛向雲天。

觀音化身一個當地漁家打扮的少婦，在附近各島飛行了一圈，發現這一群島子占地甚廣，連有人住的島礁，大約四百多個。她便揀有人居住的島子，隱去身形，尋到各島的飲水水源，用楊枝蘸了玉淨瓶水，各灑三次，約莫兩個時辰，各島已經灑遍楊枝水。最後她又在這群島嶼巡行了一遍。當達到最東南的一個小島時，方欲撥轉雲程，去往大陸上消除散疫珠的毒害，二目餘光中見此島正東，緊貼海面有一團淡淡的白雲凝定不動。原已經轉身向西了，也未曾多想，忽而想起那正是道家隱跡迷蹤之法，修真之士常用的白雲封洞便是此法。那團雲影之下，想必隱著一島，不知是修道之士，還是妖邪盤踞在彼。然也只是心念微動。因去四方驅疫之事殊為緊急，也就暫且擱下。

觀音自海岸向西，直到會稽郡的鄞縣、餘姚、勾章三縣，到處詳察，務使不要有所遺漏。一路行來，才覺此事實在不易，此郡陂、塘、江、湖甚多，居民多就地取水而飲，遍灑甘露，不如在島嶼時那樣容易。菩薩經過兩天，才走了一半多地方，料想惠岸和白猿也不能在三天之內灑遍百里方圓，便覓個僻靜的山谷入定，分化出兩個化身，找到正在行法驅疫的惠岸和白猿，告訴他們自己在西方事完之後相助他們，再一齊轉回普陀山。

三聖整整用了五天，才算把西南北三方圓百里內的陂塘江湖溝灣澗井的水面上，都灑了玉淨瓶中的靈山佛境八功德池水。觀音還恐怕有所遺漏，傳來了各縣的城隍神，各給了一支信香，吩咐發現有患瘟疫時，立刻點起報信。

在觀音的無相佛光隱形之下，三人一齊回到普陀山上空，方欲飛下，觀音忽然想起東南方那個白雲迷蹤的小島，便傳了衝禁而入之法，叫惠岸與白猿先回去，自己卻向東南方飛去，打算再察看一遍。

飛到了封島的白雲上空，運用天眼通透視封鎖向下面望去，卻見那下面竟是兩個小島，一個島被一團金光罩在住，另一島的上空則是一團白氣。她不由得暗暗稱奇，細細一想，大約兩個島上盤踞的修道之士或精怪，彼此不和睦，所以才互相防範。因此處距離普陀甚近，得弄清楚是兩位芳鄰還是兩位惡鄰。便打算多觀察一陣，只要島主一出現，分辨出是善是惡，便可以決定是前往結交或者將其逐走。

忽地，一股香味襲來，不知哪一個縣的城隍報信了。想必是鯖魚精散的瘟疫露頭了。這也原來在觀音意料之中，除了飲水以外，還有菜蔬以及其他食物也可能染上疫毒。她不敢怠慢，這屬於天行（注十二）疫病，稍一耽擱，便將有更多的人染病。她暫時不理會那兩個可疑的小島，先匆匆回山告知惠岸，然後仍用無相佛光隱身，奔了鄞縣，這一回她要親自消除瘟疫。

她到了鄞、鄮、句章、餘姚四縣，問了城隍神。原來四縣的東部近海的一些漁村，不少人得了一種怪病，先是腹痛，然後上吐下瀉，已經有人虛脫，有人死去。觀音問了村名，急忙化身漁女，手持魚籃，籃內無魚，只有一個盛滿水的小瓶。每到一村，先去病人之家，取來淨水，滴入八功德池水，拿去給病人服了，立刻止住吐瀉，停了一會，腹痛也好了，安然睡去。

他們的家人千恩萬謝，苦苦留住觀音問姓名。觀音叫他們取來一個水罐，汲滿了水，滴入幾滴玉淨瓶中水，勸病者全家每人喝上幾口，只說了自己姓關名音，以後有什麼災啊病的，向東方喊上幾遍這個名字，也許自己能起來相助。就這樣走遍了全村患病的人家，最後，隱身升上天空，用楊枝蘸瓶水，向村中灑了一遍。

這種治病方法自然要耽擱點時間，當她走遍四縣所有遭受瘟疫的村落時，計算了一下，有二十七名男女在她到以前已經死去。她帶著自責的心情返回普陀，且將此事告訴了惠岸、白猿與龍女。

然而，一場可能釀成一方大災難的天行疫病，畢竟被她撲滅了。不久，當地各村的耆老，同時作了一個同樣的夢，城隍神告訴他們，是觀世音菩薩救了當地一場大災難。以後再有災難，只要口呼大慈大悲救苦救難觀世音菩薩七遍，就有求有應。這件事情以後一代一代地傳下去，此一方人愛對外方人說，觀音菩薩最早是在這裡顯靈的，菩薩的樣子和當地人一樣，是一個提著魚簍子的年輕婦人，又美麗又慈祥，他們稱作魚籃觀音。

觀音回到普陀後，將此行的經過對幾個弟子說了。她並沒有太責備白猿靈兒，可也沒有對這麼快消弭這一災劫感到安慰。佛門最講因果報應，這一方有人遭劫，有人應劫而死，一定是他們前世種了惡因，理應今世受惡報。

一連幾天，惠岸他們除了日常的誦經坐禪以外，便是模山範水、移栽寶樹奇花，又在山水佳勝之處修建了幾精舍。觀音卻一直在潮音洞外、紫竹林中安下金蓮寶座，坐禪動輒一天兩天。她深刻思省自從離開靈山以來自己幾次降魔的經過。

起初，本以為奉佛旨東來降魔，幾次結果都是道長魔消，算得上弘揚佛教。後來，運用定慧內照之法入起定來。出定之後覺得自從來到東土，一心與魔較勝，不勝不止，看來動了貪嗔二念，說不定還是那次與大荒神合歡之前被五蘊神魔所傷種下的因。如果不是一定要與太陰聖母分個勝負，也未必引發這場瘟疫，如今死去了二十七人，也不能不算是又一次種因，將來必定還要結果。這也是一種魔劫，必須解脫才是。

她同時悟出，魔由心生，亦由心滅。因此出定不久，便召來惠岸等三人，告知自己要下山行道，救民災難。命他們只管在山修練，就算太陰聖母再次來犯，也不必出島迎戰，諒她們也不能破去自己設下的佛門封島的禁制。惠岸等齊聲應了，觀音便離島向西方飛去。

卻說此時中華大邦，本是司馬氏的天下。怎奈開國皇帝司馬炎得國不正，又生了一個癡愚太子司馬衷，為他娶了一個悍婦賈氏南風。司馬衷繼立為帝，悍婦牝雞司晨，導出了八王之亂。自相殘殺，引來了五胡亂華。匈奴族劉氏先奪洛陽，又奪長安，晉朝懷愍二帝被俘。一個宗室司馬睿幸虧早一步逃到江東，趁中華無主之際，在建康自立為帝，開創了偏安局面，史家稱為東晉。

東晉皇朝立國時本來就先天不足，加上以後君昏臣嬉，寒族民戶多遭軍將欺凌，向官府投訴，地方官哪裡肯管這些事！因此觀音駕祥光巡行三吳一帶，不少地方庶民怨氣沖天，有時阻住雲腳。菩薩心中暗自思忖：佛教乃出世之教，普渡眾生，要講個緣字，遇上苦難，自然要去救，遇不上的，便只好聽其自生自滅了。看來除任自己師徒法力廣行救助以外，還得設法渡化幾個世俗官吏，藉他們的力量行道，也算替他們積些功德。

三吳地區巡行一遍，怨氣最大的有兩處。她仍然化身漁婦，先在北面的廣陵賣魚，藉以打聽何人遭了冤情。她一面賣魚，一面覺得詫異，為何素稱繁華的廣陵市上，乞丐如此之多，並且多是口操北音的婦孺。更令她不解的是，當他們向當地人乞討時，當地人不但不施捨，反而大聲斥責。停了一陣，觀音見一個豪家奴僕打扮的人到處索尋五斤以上的金色鯉魚十尾，道是太守宴請鎮將。那些乞討的婦子卻遙遙指著此人咒罵。

觀音心中一動，一揚手，空中一棵楊樹枝上飄下十片樹葉，她吹了一口氣，便變成十尾金色大鯉魚。她將一尾擺在一小片竹席上，九尾放入魚簍之中。那豪奴走了半個魚市，未買到府君交代的大魚，正在沮喪，忽然眼睛一亮，看見了菩薩那尾鯉。過來問，同樣的魚還有沒有。觀音一尾一尾地從簍中捉了出來，恰共十尾。豪奴大喜，三言兩語講妥了價錢，將魚提走了。這時，一個衣衫破舊的中年婦人，羞羞慚慚地向觀音乞幾枚錢，道是給男兒送飯。

觀音給了她幾十個錢，隨口問道：「怎的給男兒送飯，你男兒怎樣了？」

婦人答道：「小婦人是袞州人士，原也是守義良民，被胡奴石虎攻破塢壁，丈夫張崇率領數百家向建康投奔我大晉皇帝。行到這廣陵，被鎮將捉住。男子都被拘禁，說是游寇，小婦人的丈夫等五人因率領眾人南來，不日就要處死，如今小婦人每天乞討點錢財，辦好飯食送與丈夫，可憐他也活不了幾天。」

觀音聽了，將賣魚的錢全給了她說：「我教妳個法兒，說不定能救你們幾百家男女性命。聞說西方有位大聖人，派遣一個弟子東來救渡眾生，是位菩薩。妳送飯給妳男兒時告訴他，只要合掌，念誦幾十遍，必能逢凶化吉。」

婦人聽了，將信將疑。觀音用手一指說：「那邊誰來了？」婦女回頭看，並沒有人向這一方來，再回頭問觀音時，觀音化作一陣清風，連魚簍都不見了。

這婦人顧不得替丈夫買飯，忙跑去丈夫羈押之處，覷著看守人不留神時，將怎樣遇著觀音——一個又慈祥、又美麗的女神仙，觀音怎樣指點迷津、又怎樣神奇地不見了，悄聲告知了丈夫，然後勸丈夫無論如何要試上一試。

那張崇和其他四個為首的人，被重銬銬住手腳，關押了已經五、六天，痛苦不堪，並且風聞明日要將他們五人押赴校場，教軍士用箭射死。而今有了一線生機，如何不聽妻子的話。到了夜晚，與四人說了。雙手銬著，不能合掌，便虔心作合掌想，不住口地念誦大慈大悲救苦救難觀世音菩薩，也不記得念了多少遍，忽然覺得雙手能合掌了，低頭一看，手銬腳鐐不知何時落在腳邊。獄中無燈，忽然，一粒螢火起在不遠處，慢慢向前移。五人心中會意，互不發聲，魚貫隨著火光默默前行。不知不覺間出了監禁之所、出了軍營、出了廣陵城，直到瓜洲渡口，螢火不見了，而前方正是滔滔大江。

張崇看見眼前不遠處有一塊巨石，便對同伴說：「眼見得那位神道的話已經應驗，我們一起再念誦菩薩法號，若是菩薩再顯靈，這石頭就斷成兩截。」話剛說完，轟隆的一聲，巨石齊齊整整地斷開。五人正在喜盡之際，聽得有微微槳聲。星光下，一艘小船停在不遠處，艄公向他們招手示意。五人上船一看，艄公是一個老者，待五人上了船，搖船沿江邊而行，並不與五人交談，五人不久睡去。

等到被艄公喚醒，天已大亮，船也到了碼頭。艄公說：「如今到了帝都建康，你們只要訪問御史臺所在，向中丞投訴，冤情一定得以平反。」說完，駕船去了。

卻說御史中丞，夜得一夢，城隍神至他家中拜訪，告訴他，有一件涉及上千人的大冤案，明日將由一個名叫張崇的人前來投訴。西方大聖觀世音菩薩發下佛旨，倘不能予以平反，對於整個御史臺將有不利。天明，在前往府衙的路上，他十分為難，夢是十分清晰的，城隍神的相貌，宛似他見過的城隍塑像。但是鬼神傳語，究竟無憑。事涉上千人的冤案，非同小可。沒有御旨，即使告狀的人有如山鐵證，誰敢翻案？

一路上左思又想，沒個決斷處。誰料到御史臺不久，正欲與諸位待御史述說此事，忽然一位殿中侍御退朝來到，口傳穆帝聖旨，夜夢神言，廣陵有一冤案，必須審理平反。倘有名張崇者投訴，便是此案。宣旨剛畢，中丞特命一名侍御史，至衛置大門等待這名投訴者。果然不久，侍御史把張崇等五人帶入臺中。

有了聖旨，案子很快審理清楚了。豫州歸正的數百人連同其家屬上千人列為編戶，撥與閒田，令在京口僑置的兗州居住，男口欲充軍伍者，編入北府軍。

從此，觀世音的事跡，不但廣京口一帶傳揚，也在建康朝野之間傳開了。

注十二：天行，即傳染性的或流行性的疾病。

玖 靈猿獨探日月島

楊州會稽國，本是魚米富庶之鄉，在東晉穆帝永和年間，年成不好，不是澇，便是旱，所屬的十個縣輪流受災。永和九年，以山陰為主的北面幾縣，先是旱災，後是大疫，眼看秋收不成，又不知有多少民戶流離失所，轉死於溝壑之中。有一兩個縣令實在看不過，便向上呈報災情，期望減免租賦、開倉賑濟。

會稽國當時的內史是首批隨從元帝渡江的琅邪大族後裔王羲之，他循例向揚州刺史報了災，但是免租賑濟的公文遲遲不予下達。他是一個頗為愛民的好官，對此事十分憂慮。

有個幕僚勸他不等朝旨，逕自開倉賑濟。說如今朝廷綱紀廢弛，即便違旨放賑，也未必真個治罪，何況並沒有不准放賑的旨意。使君是琅邪名族，伯叔昆弟子侄布滿中朝，何況這又是件莫大功德，誰敢舉發使君。

但王羲之也有難言，這個會稽，本是地方小郡，後來因皇帝的愛子常常被封為會稽王，會稽郡便改為會稽國。他身為內史，名義上等同郡守，但畢竟上面還有個會稽王。如今的會稽王昱，又在朝中任錄尚書六條事，權比漢朝的丞相還大。王羲之上書勸過他，說過如今「遺黎殲盡，萬不餘一。雖秦政之弊，未至於此」的話，惹得這位大王著實不悅。倘若擅自開倉，惹惱了他，縱使滿朝昆弟，也救不了自己應得之罪。便斷然拒絕了幕僚的建議。然而，心中卻時刻不得安寧。

一日，王羲之煩悶至極，便輕車簡從去大禹陵散悶。他將隨從留在廟門以外，自己到了正殿，對著禹王坐像深思了起來。大禹為了治水救民，九年奔走在外，三過其門而不入，毅然決然，沒有一絲猶豫，而自己為了開倉救民卻患得患失，瞻前顧後，想來著實慚愧。片刻，緩緩步出正殿，轉至移來廟中的李斯丞相手書會稽刻石前。

這位王使君妙擅書法，早年與庚翼、郗愔齊名，這兩年益發精進，特別這年三月間在蘭亭修楔時寫的一篇序文，被當世譽為神品。雖然如此，他仍舊常來看這會稽刻石，覺得每看一次，從中總能悟出點什麼來。但同時又往往生出一種奇想：要是自己能夠羽化而登仙，飛往芝罘、泰山、琅邪臺、碣石等地看看那幾塊秦刻石，該有多好。這一回，因心中煩悶，倒一時忘了這異想天開的念頭。

昨日下了一場雨，不平的山路上有許多積潦。他從會稽刻石處向廟門走去，路上，看見了一件奇事。一個漁婦正將三、四尾大魚投在一片積潦之中，水太淺，那魚首尾亂動，顯得十分難受。他有些不解，便問：「妳在作什麼？」

「稟使君，有人送給小婦人幾尾魚，小婦人有好生之德，帶到這裡來放生。」

「放生要到深水處，這點子水，不是放生，卻是讓牠死了。」

「如今黎民百姓，接連遭災，無有賑濟，口糧全斷了，和這魚兒也差不多。使君不憐惜他們，倒憐惜起魚兒來了，看來真的是人不如物。」

王羲之一聽，這婦人分明是諷刺自己，不由得怒氣上升，便待發作。然而他究竟是個聰明人，心想：一個漁家婦人，藉魚兒放生的事諷刺於我，必有所為，端的為何，待我問她一問。於是按捺下怒氣，溫言問道：「妳為何弄條魚兒來比作待賑的饑民，諷刺本官？」

婦人嘆了一口氣說：「小婦人從災鄉來，知道那兒的黎民就和這魚兒一樣，危在旦夕了。斗膽替他們請命，並非意在諷刺使君。」

「妳一介小民，能有如此仁心，著實令人欽敬。可妳怎知道，開倉放賑非同小可，沒有聖旨，誰敢擅自作主？」

「使君只要有仁者之心，先行下令開倉，聖旨必定隨後下來。」

「妳怎知道聖旨必下來？」

「天佑仁人，何待蓍龜（注十三）。」

「天道幽微，如今無證無憑，教老夫怎敢拿著身家性命冒險。」

「小婦人略能前知，使君要憑證嗎？剛才使君對著禹王聖像，是不是這樣想的？」接著，她把剛才王羲之所想的說了一遍。

王羲之聽了，自是驚奇，但是仍舊拿不準這個婦人是憑著猜測說的，還是真能前知。

她似乎又看出了他還在疑似之間，便說：「使君剛才在看會稽刻石時，不是還希望能看到另外那幾塊刻石嗎？」

這回王羲之定定地看著她，好像驚呆了。他開始相信她有前知的本領了。

「小婦人另外有些神通。我可以替你拓來嶧山刻石和泰山刻石。」

「真的嗎，什麼時候？」

「一個時辰以後，使君可願意？」

「妳真要有此神通，我怎的還不相信！且住，妳莫非是仙人？」

「你以後就知道了。」倏忽之間，婦人的身影連同在積潦中一直掙扎的幾尾魚一齊不見了，這聲音彷彿自遠際傳來。

當日，先是山陰開倉放糧賑災，次日是剡縣、上虞，接著是餘姚、鄞縣。郡民萬眾歡呼，傳播著王使君的德政。王羲之卻與城隍神在夢中相會，得知那個普通的婦人乃是釋教大德菩薩觀世音的化身。但是，王氏家族是信仰天師道的，他不願意宣揚佛教的靈異。

只有一次，那是他辭官在山陰縣頤養天年的時日，將這個祕密告訴堂侄王珝。王珝中年無子，兼且體弱多病，正急得到處求神問卜。王羲之生平不打誑語，便將那次自行開倉，隨後接到了允准的旨意，與在禹王陵與女子相遇的前因後果說了出來。最後說道：「城隍是我中華之神，不知道為何宣揚西方佛教的靈異。我有幾次遇到災難，就沒有念過什麼大慈大悲救苦救難的菩薩，災荒也都消除了。我覺得，琅邪王氏世代信奉天師道，用不著西方之教替我們消災除難，道不同不相為謀。」

王珝對天師道的信仰不像王羲之那樣堅定，他喜孜孜地將乃叔告知的那件事對妻子說了。他妻子求子心切，以後每天早起，淨水漱口之後，就虔心念誦觀世音菩薩名號。從不懈怠。大約過了三月有餘，王珝有事出外，遇到一個胡僧，兩人甚是投緣。行到天晚，一齊投宿。中夜，胡僧忽得暴病，王珝十分著急，忙著找人延醫診治。

胡僧卻說：「不必了，我命中應該作你的兒子，今天相逢，不過告知，我是奉觀世音菩薩法牒而來。」說完鼻垂玉筯，已經坐化。王珝安葬了胡僧，回到家中，正欲告知妻子，妻子搶先說了自己已經懷孕。夫妻二人甚喜，自料必生男兒。

十月期滿，果然生下一子，比一般嬰兒聰慧解事，王珝命名為阿練，長大後通十六國梵音，後來位至侍中。王珝這時已經接替王羲之第七子王獻之為中書令，作了朝廷重臣，不便張揚胡僧投胎為子的事，恐怕驚世駭俗，對兒子前程不利。

他夫人卻是一個多嘴多舌的人，自己生了一個聰慧的兒子，求子時又有那一番曲折，就愛逢人演說一番，且輔以誇張之詞，再經眾口一傳，竟成了臨盆的前一夜，觀世音菩薩抱了一個白白胖胖的孩兒，親手交了王夫人。自此，在中華大地上就出現了送子觀音廟，送子觀音也就成為觀世音菩薩三十化身之一。

卻說觀音救了廣陵千名銜冤之民和會稽數縣遭災之民以後，還想再行些功德，不料，忽然心頭一震，道心不靜，料知約莫普陀山那邊發生了什麼事故，便仍用無相佛光隱了法體，向普陀山飛去。

普陀山那一面，自從菩薩離山之後，惠岸領著白猿、龍女和白鸚鵡每日誦經坐禪，還由他代替師父傳授降魔法術，也少不了祭煉各人的法寶，使其更加靈異。

其中，白猿靈兒雖然已經修成了人體，到底禪定功夫不深，本性難改。不但好動厭靜，還十分頑皮。她對大師兄惠岸雖然也尊重，卻又覺得他為人太迂，師父不讓離島，就奉命唯謹，不能變通一下。有幾次自己為了想點綴幾處美景，要到名山勝景之區，移些名花奇樹來，向他請求離島一次，並且表示自己一定小心謹慎，絕不惹事。但他非但予以拒絕，還擺出師兄的面孔來指出自己道心不固，違背了師父走前的囑咐，好不令人掃興。

在潮音洞外、紫竹林中，觀世音行前設了一件照形之玉，那是一個宛若西瓜大的水晶球，虛懸在空中，平時晶瑩透澈，行法察看外界時，只要口誦靈文，晶球上便會出現一片煙雲，煙雲散淨，便依次現出周遭二百里之內島嶼、海面、天空的情形來，山川人物，鉅細靡遺。

這晶球本是三人輪值看守的，白猿多事，又貪看外界景物，常常自告奮勇，守護晶球。牠曾經兩次看到太陰聖母和青霞仙子駕雲停留在島上空，口講指劃，彷彿要下來卻又無法衝破佛法禁制的樣子。牠知道太陰聖母的厲害，只求她們不衝下來，並不想去招惹。一日，牠察看周圍的島嶼，晶珠轉向東南方，忽然，疑心自己眼花了，眨了眨眼，又看了一遍。

原來東南的某處，低低的海面上常飄浮著一團白雲，牠曾多次看到，從來也不在意。這次，在偶然的一瞬間，牠看到白雲倏地分開，下面竟是兩個小島。一個島上站立一個烏衣老叟，口吐一股白氣，另一個島上一個清俊童子，口吐一道金光，隔著一道淺淺海流鬥在一起。方欲仔細看一下島上的情況，分辨二人邪正，誰知白雲重又聚成一團，兩島無影無蹤了。

牠咦了一聲，不相信自己真個眼花，方才看到的乃是幻景，料知在這一群島嶼之中又有一處隱去形跡之所，只不知兩小島上所居是修仙的人還是海中精怪。但卻覺得在普陀島附近有這麼一件隱祕之事，理應讓師父知道。如今師父出島未歸，自然要報知師兄，便趁惠岸來替換照看晶球之時，一五一十對他說了。

傍晚惠岸回到潮音洞率領眾人作功課時，把這件事對龍女說了，並且說自己照看晶球之時，多次察看那團白雲，未見有什麼變化。想來縱然靈兒師妹所見是實，但海上諸島自來多有仙人居住。兩個小島的島主，是隱居修仙者也罷，是成形的精怪也罷，只要他們不在人間興妖作怪，便不宜干涉他們清修。看他們白雲封島，也是不願意被外人所知，至於他們之間的鬥法，也許是有什麼意見相左之處，也許是互相切磋功力，更不必去理會。

白猿不以為然，她說：「大師兄說的，不能說沒有道理，但是在這南海之中，就另當別論。」

「怎麼說？」惠岸、龍女齊聲問道。

白猿得意地說：「這個道理，師父之外，怕就只有靈兒知道了。想當日在靈山，佛祖派師父來東土，說什麼天魔混世，命師父在東方建立道場，降魔弘教。這個普陀島，雖名在南海，實在是在中華邦的東面，豈不是佛祖預示建立道場的地方？佛祖說要師父降魔，這附近的妖魔必然不少，不說別的，那太陰聖母什麼的，不就也住在此地嗎？」

龍女聽她振振有辭，似乎有理，又覺得她的道理不甚妥當，便問道：「怎見得那兩個小島上修練的便也是天魔呢，又沒見他們做壞事？」

「你們可不知道那天魔的厲害，靈兒跟隨師父東來，那天魔就一路騷擾。有一個什麼王子，竟是大荒神的弟子。誰能想到王子也是邪魔外道。師父說，天魔存心要敗我等之道，在路上只是個開頭，越到東土越厲害，我們留守本島，發現可怪的事，不可不防。」

惠岸說道：「降魔是一件大事，只能由師父回來後安排，師父不讓我們出島生事，法諭不可不遵。不過以後倒不妨多多察看那兩個小島，真要那裡發生了大事，我們不得不管，再共同商議如何應付之法。」

一連幾天無事。一天，輪到龍女和白鸚鵡共同運用晶球察形，惠岸和靈兒在潮音洞各自踞坐一個蒲團入定。忽然，白鸚鵡飛入洞中，大聲說：「師兄快去看，那晶球上現出了……」

惠岸正通過入定，打算用心靈傳音向觀音稟那兩個小島的事，一時難以出定。靈兒雖然跟著佛祖聽經多年，但是天性好動，禪定功夫不深，很快出了定，立刻飛往紫竹林，但是仍然晚了一步，晶球上又是白雲封島了。她問龍女晶球上到底現出了什麼影像。龍女說，只看見那個青霞仙子到了小島上空，不知用了個什麼法寶，將封島白雲衝了一個洞。她穿雲而下，那洞就封上了。

靈兒著急地問：「沒有看見原在島上的兩個人嗎？」

龍女搖了搖頭：「她下去的太快，島上的什麼東西都沒有看見。」

靈兒說：「島上住的準是妖魔，他們三個湊到一起了，一定是商量怎麼對付我們。這個大師兄，出了這樣的事，他也不來看看。」

背後傳來惠岸的聲音：「出了什麼樣的事？」

靈兒搶著將剛才龍女的話說了，接著要求：「大師兄，我們一同去那兩個島上看一看怎樣？那個青霞仙子不是我們的對手。」

惠岸問他：「青霞仙子現身，太陰聖母不見面，想必是有什麼陰謀。我們都出去，她萬一趁虛進入咱們島子裡，怎麼辦？」

靈兒怔了一怔，但是立刻有了辦法：「那就讓靈兒前去探上一探，師兄留在島中坐鎮。」

「那個仙子法寶厲害，妳未必是對手。」

「靈兒的意思也並非要與她們交手，不過想去察看一下青霞仙子是否和那裡的島主互相勾結，不與她交戰便了。遇上她們，我隱身避開，再不然，回島就是。」

惠岸因道力不足，與菩薩心靈交通並未成功。一時覺得青霞仙子出現在附近這個詭密的小島上，居心叵測，設法去察看一下，倒也未嘗不可。於是答應了靈兒，囑咐她須小心，並且取出一枚金針，傳了用法，然後親自開了上空封鎖，放她出去。又命令龍女在全島巡察，自己則守在水晶球旁，一直跟著白猿的行蹤查看。

靈兒用無相神光護身，飛往兩島上空，身臨白雲之上，取出師兄交予的金針，口誦靈文，向下一擲。一道極細的金光射入雲中，衝開一線之路。靈兒身隨針光之後，剛衝出雲層，立刻收回神針，上空白雲復又合攏。靈兒心想：「好厲害的鎖。」

她閃目觀看，這兩個島都只有里許方圓，卻形狀奇特，一個形圓如日，一個狹長而彎，恰似一痕新月。兩島相距約一里，中隔平靜的海水。只是兩島又似各有一團極淡的的光氣籠罩著，似隱似顯。靈兒雙目曾用靈山八功德池水洗過，也只隱隱約約地看出，兩島上各有一小山，上面竹樹蒼翠，不高而靈秀。山與平沙相接處，各有一山洞，與潮音洞相似，海水可以灌入。

奇怪的是，兩島悄悄，不但看不到上次見到的老者和童兒，也看不到那個不知為了什麼原因闖進來的青霞仙子。靈兒一時不知怎麼辦，但看到日形島的山上有株桃樹，上面結了不少桃實，大半已經成熟，鮮紅可愛，不由得落到那株樹上，摘了兩個桃子。心想，一邊吃桃子，一邊察看動靜，也算是一舉兩得。

就在靈兒心安理得地吃著鮮桃時，月形島的山洞中爬出一隻大龜，碩大無比。日形島上一股海浪擁著一隻金鼇，與龜大小相似。在牠身後，一條十餘丈長的鯖魚，搖尾揚鰭，甚是活潑。三物剛到平沙上面，靈兒眼睛一錯之際，龜變為老者，鼇變為童兒，那鯖魚精不必看，靈兒也知道牠將化形為青霞仙子。

三人隔淺海相對而立，童子說：「老不死的，今天是你讓出洞府的日子了；不然，有青姐姐幫助，必定把你趕得落荒而逃。看你老臉往哪兒擱。」

老者說：「金哥兒，你太絕情了。五百年來你我分居這日月島上，相安無事，為何近來受了這條鯖魚的挑唆，就連老朋友也不要了？當心上人家花言巧語的當。」

青霞仙子似笑不笑地說：「老龜，你我也算老鄰居了，我本不願意打擾你的清修，只因我的洞府被一夥惡人強占了去，不過暫時借你的洞府練一件法寶，等奪回普陀山時，此島再歸還你，如何？」

「莫哄我老頭子。誰不知道你想謀奪我洞裡永鎮海眼的那顆鎮海珠。老夫告訴你們，寶珠自天地初開之時，就鎮填此處，一旦你們妄自取出，附近千里就會發生大海嘯，說不定有幾十萬生靈被海水淹沒。你們闖下大禍，必然要遭天誅。」

「你這個老悖晦的烏龜，淨說些不吉利的話。若無伏虎力，怎敢上南山？你只管讓出洞來，其他的事休管，三個月後，還你洞府就是了。」

「人道故土難遷，老夫是不走的。無論是哄騙還是強迫，都動搖不了老夫的主張。」

那童兒早已不耐了：「青姐，好言難勸癡心人，咱們就強迫老烏龜一下，怕牠不連滾帶爬地離開這兒。」說完，一張口，一股金光直射對島。老者也不甘示弱，口吐白氣敵住。黃白二氣原是勢均力敵的，往日只在那一帶水的海面上空此進彼退，今番卻特別，老者的白氣已經縮退到本島上空，剩下十餘丈長短，那金光已漲至五、六十丈，長虹吸水一般直壓過來。

相持了一陣，童兒哈哈笑道：「老不死的，怎麼今天現出了膿包相？看來你也撐持不了多久啦。識相的，收回你的丹元。小爺給你一個時辰的空，准許收拾你那洞裡的破爛玩意，一起帶走。」

老者說：「老夫為何要走？你真的戰勝老夫了嗎？你無非想引誘老夫的丹氣到你島上空，好讓那個笑面婆娘作手腳。老夫就是不上當。」

童兒氣呼呼地說：「天生是個烏龜，你縮頭，我們就沒法治你了嗎？姐，給他個厲害。」

青霞仙子用手一指，日形島地皮飛起一片青氣，到了天空，聚成一面大網，飛向月形島，往老者那道白氣罩去。原來她早已在日形島設下了埋伏，單等烏龜丹元化成的白氣一過界，便用太陰聖母借與的青冥網網去他的丹元，那時不怕他不乖乖的投降。豈知烏龜已有千年道行，老奸巨猾，早已看出日形島設有埋伏。裝作退讓一步，卻不上當。當那面網剛飛到月形島上空時，老者用手一指，一片白霧，離地而起，化作一面光牆擋住了青冥網，這乃是牠殼內一顆寶珠所化。千年龜珠，玄妙威力不在龍珠以下。

那童兒乃是多年得道的一隻金鼇，與老龜比鄰而居，雖說也有些情誼，但久知牠有此寶珠，頗想奪為己有，鯖魚精便是以此為誘餌，勸金鼇與之連手，謀奪月形島，待取出鎮海珠來，再次觀音較量高低。

二人已經把一切步驟商議好了，見烏龜寶珠一出現，鯖魚立刻連身化作一道青光，前面露出一個丈許方圓的大手，向著白氣化成的光牆抓去。老烏龜一看，上了人家的當，也化身而起。一道奇亮的白光，迎向那青光巨掌。就在同時金鼇化身一道金光，電也似的飛起，將老龜截住。雙方不但動了真氣，且以性命相撲了。

就在那大手飛過海面之際，不知哪裡飛來一口寒光森森的戒刀，直刺那個大手，剛一接觸，大手似知道厲害，縮了回去。一個少女的聲音笑罵道：「不識羞的賤婆娘，竟然白日行劫，搶人的法寶，叫你嘗嘗天龍刀的厲害。」隨聲現出身來，原來白猿靈兒忍耐不住，公然出手了。

注十三：何待蓍龜，不必占卜，即可預知吉凶。

拾 佛法化渡 靈龜金鰲

靈兒並沒有忘記對大師兄的許諾，當她探知青霞仙子要不顧釀成一場大劫，硬取鎮壓海眼之寶珠，而且是針對自己師徒之時，就打算轉回普陀告訴惠岸，趕緊請回師父，消弭這場大劫。但是她又怕這老烏龜敵不住金鼇和鯖魚，如果洞府被占，鎮海珠被劫，縱然師父來了，只怕也晚了，因此她又留下觀看個究竟。

當鯖魚、烏龜、金鼇各自運用真元相拚時，白猿是個異類修成，知道這已經到了性命相撲的程度，不能再行觀望，便現出身來用天龍戒刀擋上一擋。

誰知這一來竟化解了緊張的局勢，雙方見封鎖嚴密的島中竟然來了「外客」，不約而同收回了丹元法寶。隔海對面相峙，一邊兩人，又是一個勢均力敵的局面。

青霞仙子看清了來的是白猿，啐了一聲：「你這潑猢猻，占去了我的普陀島，又來這裡強出頭，莫非真以為沒有人敢教訓你一場嗎？」

白猿嘻嘻而笑：「怎麼是強行出頭呢？你們竟敢私奪鎮海之寶，想讓海邊上百萬的生靈生命難保，就該好好管教你們一下。」

青霞仙子吃了一驚：「我們剛才所說的話你都聽到了？那就更不能放你走了。」說著取出一支線香，吹了一口氣，線香立刻被燃著，一縷青煙直射上空。

靈兒知道她一定是召喚太陰聖母去了，這個婆娘厲害，自己萬萬不是對手。要說此時逃走，倒也不難，卻又怕鎮海珠被他們盜去。一急之下，有了個計策，對龜精說：「老人家，他們那邊有個厲害婆娘就要來了。不過你不要怕，那婆娘怕我師父，為了保住鎮海珠，你回洞裡守著，用丹氣封洞。我坐在洞口用法寶護身，等著師父來救咱們。你要是信我，快到洞裡去，快，快。」

龜精修行千年，頗有眼力，從白猿的天龍刀光中，已經認出佛門家數，恰巧他又早想歸入佛教，修個正果。聞言大喜，忙說：「老朽遵命，小道友，你量力而行，實在敵不住，也退到洞裡來便了。」又附耳告訴靈兒：「老朽還可以借珠之力擋住他們。」說完，白光一閃，飛向山洞。

金鼇大喝一聲：「哪裡逃！」一張口，七團紅光向龜精身後打去。靈兒早已防著，龜精一退，牠也飛向洞門，一揚手，天龍刀化成一道白色精虹，寒氣森森，抵住金鼇七顆烈焰珠，又連忙擋住洞口，懸空趺坐，放出離垢圈，護住全身，掩住洞門，一招手收回天龍刀，索性在金光護身之下坐起金剛禪來。

牠這裡剛擺防守挨打的架勢，一片青光衝散封島白雲，直射下來，連白沙都映成青色。青光斂處，果然是太陰聖母來了。她右手執著紫光閃閃的一個短柄棰，左手持著一面紅光閃閃的小鏡，略一轉，就射出數尺紅焰。剛一現身，她便問：「又是何人來這裡壞我們的事？」

青霞仙子一指靈兒：「是這個小猢猻，不知怎的就混了進來，要不是牠，老烏龜早讓我們趕走了。」

太陰聖母說：「一定是觀音那個煩惱婆娘指使牠來的。我讓出普陀山，那婆娘就當是我怕了她。先把這猴兒擒住，給牠點苦頭吃，觀音來了，也給她個厲害。」

青霞仙子皺了皺眉說：「怎耐這潑猢猻的護身法寶厲害，另外有一口戒刀，擋住了金小弟的七顆烈焰珠，一時也難以擒住。」

太陰聖母微微一笑：「待我試試，看她這護身法寶有多厲害。」說完，口中念念有詞，舉起左手小鏡向靈兒照去。那鏡徑只三寸，雖然不大，從中射出十丈烈火，卻是越展越大，少頃，將靈兒連同離垢圈三面包圍了。靈兒有法寶護身，背倚山洞石門，只是趺坐入定，全不理睬。雖被烈火圍困，護身金光十分強烈，只守不攻，卻未落在下風。

太陰聖母一聲冷笑，噏口向離方吸了一口氣，張口噴出，那火焰便由紅轉白。靈兒護身光華未滅，但已經覺得那火似乎透光而入，周身有被燒灼的感覺。她仍然趺坐不動，以為自己已經入定了，又有法寶護身，燒灼感必然是幻覺。

太陰聖母見自己借來的法寶制不住白猿，又驚又怒，本來用以對付師父的寶物，倘若連徒弟也奈何不了，一番謀劃豈非白費。她長嘯一聲，其音有如排簫，音波到處，白色火光漸漸轉成青色。這時白猿已經覺得烈火是在真實地燒灼自己，周身疼痛異常，金剛禪坐不住了。跳起身來剛要噴出數百年修煉而成的內丹抵禦一下。誰知有禪功護體還能抵禦幾分魔火消體之威力，一出定就更加不行了，方聽得空中似有一聲佛號傳來，立刻昏倒在離垢圈的金色光幢之中。

天空祥光如雨，觀音菩薩站立祥雲中，寶相莊嚴，眉宇間似乎涵蘊著三分悲憫表情。她一手托淨瓶，一手執楊枝，楊枝一擺，霏霖雨露從空而降。說也奇怪，百丈烈火青焰被這楊枝灑下的小雨點罩住，立刻由熾烈而黯淡。

太陰聖母知道自己借來的法寶被剋制住了，撮口一吸，將就要被熄滅的殘火收回鏡中。

觀音用手一招，便收了白猿的離垢圈。然後，楊枝水灑向白猿身上。白猿一挺身坐了起來，見了觀音，方喊了一聲師父。觀音便說：「你捨身禦劫的事我已盡知。如今法身已受魔火灼傷，我送你回山休息。」說著，一揚手，離垢圈化作一團金光飛起，擁著白猿飛向上空。

青霞仙子看中了白猿的天龍刀，連忙放出青冥網去攔截。觀音右肩一動，加持寶杵早化成金龍、口噴佛火迎了上去。兩下裡一接觸，青冥網立刻被燒了一個大洞。

太陰聖母一招手收了此網。至寶被毀，十分心疼，破口大罵：「妳這個大荒神師兄玩過了的婆娘，今日與妳誓不兩立。」

觀音聽了她的話，並無慍色，淡淡地說：「昔年我佛教下摩訶薩埵以身飼虎，地藏菩薩甘入地獄以渡鬼魂。為了鎮住大荒神的荒暴，我捨卻一個化身與他合歡，便是莫大功德。我法雲，不垢不淨，我已達到無人相、無我相的境界，這些，你們魔教中人豈能懂得？」說到這裡口氣一轉：「道友，妳原身是上古得道的青鸞，四靈之一，本是祥瑞之鳥。倘若虔心修練，可證無上正果。為何投身魔教之中，做荼毒生靈的事。就拿這回要強取鎮海神珠的事來說，你們以為只是一件劫奪天材地寶的事，卻不知道鎮海之寶一旦失去，立刻滄海橫流，大地洪荒，劫難之重，你們魔教教主也承擔不起。」

太陰聖母冷笑一聲：「什麼功德，什麼劫難，什麼捨身，什麼離垢，無非都是你們佛教騙人的花言巧語。妳要是真的也能捨身飼虎，等我們把鎮海珠取出來以後，妳就把自己的身子帶著什麼加持寶杵、三寶如意一齊填塞海眼，就不至於弄得滄海橫流、大地洪荒了，這豈不是莫大的功德？這些，妳真的能做呢，還是捨不得妳的又一個化身，只會說大話騙人？」

觀音莊容回答：「真要是天地間大劫來到，人力不可抗，需要我佛門弟子，捨身弭災，休說一個化身，即便是捨去法身，又何所吝惜！只是如今分明是妳肆意造災。如此行跡，當用強力制止才是，怎能遂妳的願，任憑妳去胡做非為。」

太陰聖母聽了，神情詭異地笑了笑：「這鎮海珠不能讓那老烏龜獨自在那裡守著，我們是要定了。妳又逞強，大言說什麼強力制止。好罷，我看三日以後在這裡鬥上一鬥，怎樣？」

「為什麼要等三天以後呢？」

「上次在普陀不是交了一次手嗎，老實說，我們讓出了普陀，並非怕妳，大家手段都差不多。為了這次真的給妳一個厲害，我要請幾位道友來會會妳，所以把鬥法定在三天以後。」

「那也好，我不回普陀，就在這月形島等妳好了。」

「什麼，妳想占住月形島，獨吞那鎮海珠？」太陰聖母這一回真的衝動大怒了：「好，今日我就與妳見一個高低。」

觀音說：「妳本來並不想三天之後鬥法，無非想趁這三天的時間盜走鎮海珠而已。我再勸妳一次，只要不動此珠，你們願意回普陀，我便讓了出來。」

青霞仙子本來捨不得放棄普陀島，聽了這話，便與太陰聖母交頭接耳起來。她說：「這婆娘既然把普陀還給我們，她無有立足之地，必然離開南海。等過個三、五個月，我們再取鎮海珠不遲。」

太陰聖母搖了搖頭，低聲說：「她未必離開南海，不信妳問她一聲。」

青霞仙子便問道：「你們離開普陀，到何處去啊？」

觀音用手一指：「就在這月形島之上。」

青霞仙子說：「呸，好個狡猾的婆娘。」

太陰聖母說：「我道如何，今天的事已經不能善罷甘休了。」又把聲音放得極低：「趁她今天形隻影單，我們三人合力戰敗她，看她還有何面目在南海立足。」說完，向青霞仙子與金鼇示意，令她二人先出手。

二人知道觀音的加持寶杵厲害，不敢用丹元相試，金鼇放出了七顆烈焰珠，青霞仙子揚手一連十幾團碗口大的青色霹靂，一齊打向觀音。

觀音此番前來，不僅為了救出白猿，還別有打算。原來當她安排了王使君會稽開倉救災的事以後，忽然道心不寧，怕弟子們出了什麼事，便立即飛回普陀。惠岸一直用晶球照影察看日月島的動靜。看出了白猿為了保護鎮海至寶而被魔火所困，正在著急，見觀音回來，急著把上項事說了。觀音用天眼通察看了寶珠鎮塞的海眼，又察看了龜鼇二島主的來歷，便決定了誓以大法力、大智慧、大忍耐弭劫於無形，絕不能讓太陰聖母得逞，造成大片陸面被淹，再去救災善後。還決定要渡脫這些妖魔，不渡脫牠們，便不在東土建立道場、開宗立派。

如今，金鼇、鯖魚的法寶，她本來可以輕易地收了去，但為了要顯示一下佛家氣象，改變魔教妄自尊大的習氣，表面上不動聲色，心念動處，旃檀般若珠立煥七色奇光，結成五丈方圓的光幢，罩住全身。金鼇的烈焰珠撞上光幢，來不及發出烈火，自然被逼退數丈，青霞的青雷丸化成一團團的青色雷火擊向光幢，連連爆炸，光幢卻凝定如初，絲毫無損。反是青霞見法寶相形見絀，怕受恥笑，招手收了回來。

太陰聖母沒有動手，原有用意。她想讓二人纏住觀音，好趁機暗施詭計，目的還是要奪鎮海珠。見這第一個回合，觀音雖然只守不攻，卻無懈可擊，難遂自己心願。想了想，知道自己不出手不行，先暗中和二人打了個招呼，然後和之前一樣，冠射金光，口噴內丹，一心以為觀音必然用加持寶杵和三寶如意應敵，自己便可以展布手腳了。與太陰聖母相應和，青霞仙子和金鼇也雙雙口噴丹元。六道精光，一齊射向旃檀般若珠，十幾色祥光照耀得日月二島宛如被幾個太陽相照一樣，奇光變幻，上燭雲霄。

早已躲入洞中的烏龜，不知是被這聲勢所驚還是怎的，竟然現了原形爬出洞來，躲在了菩薩寶光之下。觀音低聲對牠說：「快設法封鎖住上空，免得驚世駭俗。」烏龜聽了，張口便是一大團一大團的白氣，向上升起，到了上空，結成一層厚厚的雲幕，將兩島罩得嚴嚴實實。

太陰聖母見觀音的護身寶光威力奇大，自己丹元化成的三顆寶珠，竟絲毫衝它不動，雖然帶有魔教大阿修羅之女羅剎公主交下的兩件至寶，一面坤極魔火鏡已被觀音玉淨瓶中的八功德池水所剋制，成了無用之物。另一件若是再不能取勝，自己曾在公主前誇下海口，實在無法交代。猶豫了一陣，又生了一個計謀。狠了狠心，咬破舌尖，一口血光噴出，丹元所化成紅白青三道光華立刻暴漲，連成一片光幕，像驚濤衝堤一般，一浪接一浪，向七色光幢衝去。

觀音已覺太陰聖母那丹元的威力。千年神鳥的丹元，再加上聚血分化元神的力量，只憑自己昔年的法力，即便敵得住，也是個兩敗俱傷的局面。幸而東來之前如來佛祖賜了三件至寶，特別其中那旃檀般若珠，原是佛祖成道時護身降魔之寶，只要使用的人道力深厚，即使魔教教主大阿修羅親臨，也至少能保全自身。東來之後，觀音不間斷地坐金剛禪，禪定之功日深一日，寶珠的威力也越來越大。如今，她想試一試自己的功力是否已經精進，便一手挽起大金剛訣印，凝神以觀變。

雙方相持了約有四、五個時辰，力量對比，已經暗中有了變化。太陰聖母元神所化的血光，在七色神光照射之下已有了消耗，使得她不得不收了回來，衝擊的力量自然便減弱了。金鼇、青霞方面更有了異樣感覺。原來梵語般若二字，意譯便是智慧，所以此寶又名大智慧光珠。珠光照耀之下，凡修道者都能啟迪智慧。

金鼇與鯖魚雖是異類成道，卻生具善根，所以在人間很少作惡。這次用丹元去衝擊大智慧光珠，時間一長，反被慧光所化。二人看到觀音的寶相莊嚴，不知不覺間，生了仰慕之心。只覺得慧光被體，心境變得舒暢祥和起來。青霞仙子更懊悔不該受太陰聖母指使，替她散出瘟疫。以前對此不當回事，今日於心不安，卻不知片刻之間，已開始受到佛力渡化。至於老龜，更是身沐佛光，得益比那二人大得多。

太陰聖母憑自身的法力已經不能戰勝觀音，她與青霞仙子等人不同，身入魔教，心靈已經被陰魔暗制，這時竟想孤注一擲，大小造成點災害，好回去對羅剎公主有個交代。她忽然又取出灼傷了白猿的坤極魔火鏡，放出百丈魔火，圍向旃檀慧光外面，又施故技，先使光焰由紅變白，再由白變青。她早已暗中取出了另外一件至寶紫電鎚，當青焰剛一出現，她打量觀音不敢身離慧光，張口一噴，一片青光遮住了觀音的視線，再一揚手，紫電鎚化為十丈方圓的一團光華，不取觀音，直向月形島上唯一的那座小峰峰頭撞去。

她才取出紫電鎚，觀音已用天眼通看出此寶非同小可，便籌謀對付之策。待到見紫電鎚飛出，立刻回手三拍命門，那三頭六臂的化身顯現出來，又將腰一躬，使出法天象地的變化，身材長得和山峰一樣高，護身大智慧光也隨同漲大。紫電鎚恰在此時飛到，觀音六臂中一臂高舉三寶如意，如意上射出三道丈餘長的光華，直射紫電鎚，紫電鎚竟被逼住，停在空中。

兩件至寶相持良久，青霞仙子與金鼇見了佛門如此法力，早已不願再與觀音交戰，二人不約而同收回丹元，站在原地旁觀。

觀音心想，以前因愛惜太陰聖母是神鳥修練而成，又有千年道行，不願傷她。今日之事不同，為了保住鎮海珠，必須給她一點厲害，至少也要將她驚退，免得以後再來糾纏。她心向西方，頂禮佛祖，然後口誦靈文，揚手一個霹靂，隨著滿天電火流走，突然出現了一隻丈許方圓的大手，金光環繞，向下方只一撈，便將紫電鎚撈到手中。又停在空中作招手狀。太陰聖母突然覺得手一鬆，坤極魔火鏡向那大手飛去。而圍在旃檀般若珠四周的青色光焰，自動飛回鏡中。觀音收了法身，那紫電鎚也復了原質，變成拳頭大小、紫光閃閃的短柄小鎚。觀音對太陰聖母說：「我要收取你那丹元寶珠，也易如反掌。但憐惜妳千年修為不易，放妳一條生路，妳去吧！」

觀音卻不知道，太陰聖母的心靈已被羅剎公主暗自驅遣附於她體中的陰魔所制，只想著失落了公主的兩件至寶，又沒有取回鎮海寶珠，無法回去繳令，絲毫沒有把自己的生死安危放在心上。如今重寶已失，法力又不如對方，自思只有拚著千年的功行，與這婆娘一搏，或許還能轉敗為勝。觀音的話，她哪裡聽得進去，一聲如排簫的長鳴，立刻衣履盡去，平空飛起一隻身長十餘丈的青鸞來。牠一張口，吐出本命元珠，化作十丈青霞，護了全身，飛身向觀音撲去。

觀音見太陰聖母現出了原身，明白她是決心以性命和自己相搏了，便決心即使不傷她，也先把她擒住再說。見青鸞來勢甚疾，便不再猶豫，用手一指，旃檀般若珠化作一張巨網，向對方網去。就在這時，天空迅速降下一面綠色雲光，牆也似的將雙方隔開。

拾壹 初會九子鬼母

一個熟悉的聲音在觀音耳邊響起：「聖母不必與她性命相拚，公主就要來到了。」

那綠光剛一降臨，觀音便覺得一股血腥味傳來，聞了令人作嘔，心知又是魔教陰毒的法寶，忙收回旃檀般若珠護身。定睛看時，原來放出這片綠雲的卻是在洱海用話嚇自己，聲言要在東土給自己一個厲害的羅剎女。太陰夫人已經收回法身，正向她告訴：「公主所賜的兩件法寶被她奪去了。」

羅剎女發出一聲冷笑：「我魔教中的至寶，豈是這個賤婆娘所能承受得了的？」說完，衣袖中取出一道符籙，對著觀音一展。

那兩件魔寶，觀音本已收入自己寶囊中，這時只覺寶囊一震，首先是極魔火鏡拖著丈餘長的烈火尾巴，然後是紫電鎚化成一團紫霞，向羅剎女飛去。觀音對魔教的法寶不太重視，收下它們是怕毀了月形島的小峰。但如今被羅剎女輕易地收了回去，又容易使她小看了佛教法力。一晃身，無神化萬里金光大手，再一次用佛門巨靈掌抓住了紫電鎚。

羅剎女覺在太陰聖母面前說了大話，卻被觀音奪回最有威力的一件法寶，大丟面子，碧瞳一瞪，罵道：「賤婆娘，公主原來看在大荒神面上，只讓我招降於妳，只要降我魔教，以前欺侮教下弟子之處，全都不再計較，誰料妳不知天高地厚，仗著妳家如來的幾件破法寶到處逞強，今天我先教訓教訓妳，然後擒了妳去聽候公主處置。」說完，口誦魔咒，再次將手中魔符一揚，那片綠雲倏地分成數百團雷火，向菩薩護身寶光打去。

菩薩聽她口口聲聲公主公主的，料知她不是羅剎公主的弟子，便是侍女。雖知羅剎公主是魔教中僅次於大阿修羅的人物，魔法之高，連佛祖也只能使她落敗，不能除去。可是倘若不打下羅剎女的氣焰去，降魔弘教便成了虛話。因此手指旃檀般若珠，口誦唵、嘛、呢、叭、咪、吽六字真言，那珠變成一面極薄的金色輕綃，在綠色霹靂中間轉了幾轉，紅睛白骨，猙獰可怖。那輕綃雖是薄薄的一層，但任群鬼衝撞，卻全然不動。觀音又回頭向離地吸了口氣噴出，輕綃忽然變成大片烈火，燒得群鬼啾啾亂叫，霎時間化為灰燼，輕綃又飛回，化成了護身金光。

就在此時，天邊有一女子喝道：「休要傷我神魔。」聲音方住，一點火星飛墜，落在羅剎女身旁。

觀音心想：如何魔教來了這麼多教眾，這又是個什麼角色？定目看時，見一女子，髮長垂肩，身材碩壯，雪白圓面，齒黑唇朱，眼帶凶煞，眉橫殺氣，身披絳紅短袍，下繫黑色長裙，年約四旬有餘，行蹤且是不善。她一落地，便指著觀音說：「我剛才說休傷我神魔，妳難道不長耳朵？」

觀音說：「妳那惡魔，留下來只會為害人間，故此除去。」

「妳可知那神魔是何人所練的？」

「大約是你們那個羅剎公主所練的了。」

「若是我家公主練成之魔，豈能被妳所傷？你們什麼佛祖、道祖、都不放在公主眼中。」

「哦，是嗎？」

「我念我家公主一首詩妳聽。」說完大聲念道：「一拳打倒三清李，一腳踢翻九品蓮。獨立須彌山頂上，掃盡三千儒聖賢。」

觀音笑道：「妳家公主口氣甚大，但不知真正的道力如何，我倒有意會一會。」

那女子大搖其頭：「莫看妳在佛教中，身證什麼菩薩果，我家公主還不屑與妳交手，所以派我來……」

「檀越何人，在貴教中身居何職？」

「人稱我曼陀仙子，是公主殿前四大……四大仙子之一。」

觀音心想：久聞那羅剎公主手下有四大魔女，想必這曼陀是其中之一了。她不願意自稱魔女，可見還有些善根。如果能渡化她歸入本教，該是莫大的功德。便問：「那麼，妳家公主派仙子妳到底來做什麼呢？」

曼陀仙子呵呵大笑說：「你們的什麼佛祖，派你們四大菩薩來東土，名為弘揚佛陀小教，實際上是與我大阿修羅教為敵，這些小伎倆，實瞞不過我家公主。公主派了我們姊妹四個來對付你們。你們那什麼文殊、普賢的，我不管他們的閒賬，這江東一帶便容不了妳與地藏。地藏已有鳩盤師姊去驅趕他了。我便是來趕走妳的了。乖乖地回妳那靈鷲山，我不追妳。要賴著不走，少不得擒了妳，送到忉利天交與毗那夜迦大神去充歡喜緣宮的侍妾。」

觀音莊容對她說：「我佛門弟子雖戒妄動嗔念，可是也不容許你們在這中土造作災劫，唯我獨尊。普陀、日月三島已在我觀世音護持之下，絕不離開。看來，太陰聖母已經技窮了，且看妳怎樣驅趕我。」

「妳覺得妳有如來賜給的幾件法寶就有恃無恐了？我再告訴妳，我教還有尊者來對付妳。」

「哦，看來妳不是妳教中的厲害人物了，那妳為何大言炎炎要驅趕我？」

曼陀被觀音說得無言可對，一頓足說：「我今天可以不必跟妳計較，約個日子、約個地方與妳鬥法，作個了斷。妳可敢答應？」

「悉聽尊便。」

「還有一件事，妳得把公主的紫電鎚還給我。」

「紫電鎚雖然是一件至寶，我還不貪圖它。只是你們公主不是要一腳踢翻九品蓮嗎？我就等著她親自來取，這要比踢翻九品蓮容易多了。」

「好，妳這個賤婆娘。」曼陀對太陰聖母等三人說：「你們且隨我走，不久，一定把這三個島奪回來還給你們。」太陰聖母立刻和她站在一起，青霞仙子和金鼇卻飛向觀音身邊。他們雖然沒有說話，觀音卻明白了他們的心意，立刻行法將他們護於旃檀般若珠寶光之中。

曼陀對太陰聖母：「為何他們不想隨我們走？」太陰聖母搖了搖頭，她的心神也很亂，不時生出還想回到普陀與青霞仙子在一起的想法，但是這種想法旋起旋滅，忽如遺忘，心頭一片空白。曼陀早知道她已被陰魔暗制，見她面色陰晴不定，似乎正與陰魔相抗，對於觀音化渡外道的深邃功力也不由得暗暗吃驚。本來還打算藉著離開日月島迷惑觀音，潛運魔法收回紫電鎚，就在此時，聽得遙天之外有一婦人聲音說道：「曼陀速歸，改日與她計較。」聲音未斂，滿天紅光照耀，曼陀與太陰聖母全不見了。

觀音聽那天外傳來之音，若遠若近，若東若西，心知定是那個魔教的「尊者」發話了，暗運天眼通考察，向北追蹤了數百里，聲音早已斂去，四顧百里之內沒有什麼異常的人物。她暗暗佩服這個尊者果然魔法高強。不過因對於佛祖派遣東來降魔很有信心，又有極深的定力，也不甚把曼陀魔女的威脅放在心上，倒是渡化了青霞仙子和金鼇、靈龜，心中甚是歡喜。

觀音對慧光的威力越來體驗得越深，心知連老龜在內，初次佛法加被，多年精怪之氣未必全能消去，也不一定能全部消除魔教的影響，於是重新將旃檀般若珠光化為慧光幕，連同靈龜、金鼇、鯖魚一同籠罩在內，然後傳與他們佛門坐禪之法。

三個靈怪已經各有千年道行，如今明白了要成正果，這是唯一的機會，有此良機，如何不認真去學？不多一會兒，全都身心兩忘，五蘊俱空，達到返虛入渾境界。觀音自己也入定，催動慧光，助長牠們心境靈明。這番修為，整整用了三天。其間，白鸚鵡曾衝破上空菩薩所設的佛光封鎖，下來看了一次。

三怪出洞之後，都長跪在菩薩之前，以謝佛法渡化之恩。菩薩讓他們重現老翁、少婦、少年之身，為他們摩頂受記，為老龜起名歸明，鯖魚起名青姑，金鼇起名金兒。重新用佛法封鎖了藏有鎮海珠的海眼，傳了上空出入之法，囑咐歸明、金兒仍留日月島虔修，二人輪流，每隔一日，有一人去普陀朝見菩薩，然後帶領青姑回轉普陀。

雖然曼陀魔女說過要奪回普陀和日月島的話，到底島的舊主人青姑等三人歸入了菩薩門下，觀音便打算把普陀建為說法道場，日月島作東面屏障，又將天臺山能仁谷的故居整修一番，設下佛法迷蹤之禁，令白猿靈兒在那裡居住，作了西面的屏障，三日一朝普陀。然後定出修行功課，令眾弟子按時虔修，三日一說法，講說大乘佛經。弟子們修行聽經之外，便輪流外出，隱身飛行，到三山五嶽，遠至崑崙、崆峒，尋覓仙木仙草，擇其勝者植於普陀，其餘的植於日月島和天臺山。不上幾個月，把個普陀整修得另一番氣象。怎見得？有詞為證：

包乾之奧，括坤之區。會百川而浴日滔星，歸眾流而生風漾月。潮發騰凌大鯤化，波翻浩蕩金鼇遊。水通西北海，浪合正東洋。四海相連同地脈，仙方洲島各仙宮。北望弱水三千里，秀出蓬萊仙境，東瞻方丈青冥間，遙連瀛洲洞天。好景致：山頭霞彩壯元精，岩下祥雲吐月晶。紫竹林中筠香細，綠楊枝上仙露零。潮音洞內灑法雨，千步沙畔講經聲。無畏石高百丈，東望海天春曉，狻猊岩勢猙獰，卻襯境地清幽。錦屏峰下古樟參天，佛頂山頭倚山凌雲。琪花瑤草年年秀，寶樹金蓮歲歲生。白鸚可幾番朝頂上，青鸞鳥多次到山頭。鯖魚躍波修真性，老龜臥濤聽講經。

這一段時間中，觀音或運天眼通，遍察四方，或入定勤推因果。也曾用種種不同化身飛往人間觀察有沒有出現災害的異兆，她深知所謂天魔混世，不只是對付她們四大菩薩東來和虔心修道的釋道兩教弟子，還要對黎民眾生傳布災難。她隨時對那些身遭災害卻又哀哀無告的人加以救助。

還有為了青姑曾參與散布瘟疫，觀音命她出外行道以贖無心之罪。青姑有時化為婦人，有時化身男子，受她救治的人都因誦念菩薩寶號而有靈驗，誤將她當成菩薩本人，以致有些功德，後人也分不清是誰做的了。

會稽山陰縣有個顯義寺，漸漸弄得變成一座荒寺。後來一個有德僧人法勝來到這裡，感到這樣有名的寺院應該重建，便以苦行到處化緣。用了幾年工夫，備好大量木材，要運回山陰，又恐怕獨力難運，夜中禱告觀世音菩薩保佑自己。

次日，雇了一艘小船，穿湖而過。臨開船，有一個婦人請求搭載。船小，艙自然也不大，又須在船上過夜，一僧人、一婦人同處一艙實在不便。法勝很為難。但那婦人說母親病危，自己前去看望。天色將晚，又沒有旁的船路過，苦苦哀求和尚積個功德。法勝看她也神情可憐，便答應了。日落以後，法勝燃了一盞燈兒，趺坐於艙板上默誦佛經。婦人卻和衣睡了。入夜，船搖晃起來，艄工進艙，告知起了大風。法勝到外面一看，月光下波濤如小山，打向船頭，哪裡還能前進一步。

船行湖中，急切間找不到個暫時停泊的去處。法勝無奈，回到艙中，合掌口誦觀世音名號不絕。只見那婦人忽地起身出艙。法勝怕她被大浪打入湖中，趕緊跟了出去。即見那婦人逕自走向船頭，盤膝坐下。

她剛一坐下，那船立刻不顛簸了，逆風變為順風，船兒掛帆自行，快如奔馬。婦人在船頭坐著，法勝在艙中坐著，艄工在船尾掌舵，三人誰也不睡。待到晨光熹微時，艄工入艙告知法勝，船已入鏡湖，離顯義寺不遠了。就在這時二人都看見那婦人站了起來，一步邁向水中。二人大驚，急去船頭看時，卻見婦人正踏波而行，一霎時不見了。二人不在意間，風已轉為微風了。艄工告訴法勝，那婦人乃是湖神顯聖。法勝口中不言，心裡明白，是大慈大悲的觀世音菩薩救了自己一場苦難。

琅邪人徐營，祖父隨東晉元帝南渡，後來落籍剡縣。那剡縣的風景，人稱千岩競秀、萬壑爭流，但是每當山間大雨以後，山水暴漲，有些地方大石都會被水沖下。徐營居家附近有條南溪，一次大雨之後，又值漲水。他的父親外出山行，尚未歸來。徐營家曾遭天行瘟疫，被觀音菩薩救治痊癒，深信菩薩靈異。這天，邀集闔家人共誦觀音法號，直到二更天，忽聽得其父叫門。徐營迎了出去，沒有來得及問答，他父親進了屋，見心愛的小孫兒還在合掌念誦，便說：「今夜，又是菩薩顯靈，救了我一命。」接著，把經過說了一遍。

原來，他沿著南溪行走，溪水平素不深，因此涉水而行。走著走著，便覺得水漸漸深了，從沒過小腿到沒過膝蓋。等水漫到大腿根時，衝力甚大，他已是跌跌撞撞了。天又黑，昏頭昏腦的，走熟的路也不知走到何處了。忽然，眼前一亮，好像前面有一人持著火把走路，火光恰巧照到自己腳下，便盡力追趕。巧的是，那人所走的都是水淺之處，就這樣，不知不覺走到自家村頭。待得出溪上岸後，持火把的人連火把一齊不見了。這件事，徐營告訴了郗府的郗超，由郗超傳了出來。郗府也是世代信奉天師道的，但郗超常對人說，沙門多靈異，不可不信。有人與他辯駁時，他就舉此事為例，折服對方。

鄮縣自從三國孫吳時，便有船舶出海，也偶有船舶來此停留。逐漸成市，扶南、天竺、安息、大秦等國的織金縷罽、刺金縷繡，以至明珠、大貝、火浣布、駭雞犀等珍異寶物也偶能購得，人稱胡市，三吳商賈也多樂於到此地交易。一日，一個粗服亂頭、口操北音的中年婦人帶了四顆大珠來市上欲與胡商易貨，司市舶的官吏看她貧窮可欺，便捉住婦人，說她的大珠是從府庫中偷來的。那女子只是冷笑，忽地，張口一噓氣，天上掉下一團火來，那市上多是木板搭的屋子，哪禁得火燒？不一會兒火連成片，那婦人一招手，市上幾件珍寶飛入她手中，立刻人也不見了。市上一片救火之聲，怎耐救火之具一時不湊手，哪裡撲得火滅。忽然眾人中一個老者，跪出合掌大呼：大慈大悲救苦救難觀世音菩薩。

有人問：「人去救火，只管禱告，有什麼用？」

老者說：「菩薩救過這一方災難，快快隨我禱告。」果然有些人隨了他跪下，他唱念一句，這些人跟著他唱念一句。連呼三聲之後，東方飄來一片白雲，一邊出著太陽，一邊眾人忽覺有濛濛細雨灑下。可煞奇怪，那大的火，被這細細的雨珠一蓋，竟由大而小，由小而滅。為首倡禱告的老者用手向空中一指說：「快看，是菩薩來救火。」眾人抬頭看時，只見一朵淡雲，上面立著一個素袍藍帔的女子。一手托一玉瓶，一手執一楊枝，一灑間，雨露霏霏而下。雖然看不清面目，但覺一片祥和之氣，看了令人心情舒暢。眾人哪裡顧得地下泥濘，一齊跪下，大呼菩薩法號。卻見那朵白雲，冉冉向東而去，須臾不見。

卻說觀音歷次出山救民災難，都是隨出隨返。只有這次鄞縣救火，當她用天眼通觀看到了老者念誦法號時，也看出了那火並非人間凡火，就沒有即刻趕到火場，而是入定推算了一下此事的因果，算出了此次救火又是一個契機，使自己再一次獨戰群魔。她知道凡是涉及神魔相鬥，法力再高總是推算不出誰勝誰負、誰強誰弱來。也就不再推算，立即趕到火場，用淨瓶楊枝撲滅了本來可以把胡市完全燒光的大火。然而，就在她撥轉雲頭、回轉普陀山時，明亮的太陽中似乎飛出一個黑點，一道烏油油的光華劈面撞來，又陡地停住，面前，一團黑氣擁著一個女子，正擋住去路。

觀音看那女子明顯為自己而來，便仔細打量了她一下，只見她：

面如紅玉，棱棱乎凝一片霞光；眸若晶星，凜凜乎射兩行殺氣。秋肅威相，表羅剎教中無有溫柔；林下風神，少婦女行裡幾分嫵媚。穿一領光華變幻天蠶絲織成合體魔衣，風飄起數條飄帶；戴一頂天然鎔就百煉金鑄造輕巧冠兒，下垂著幾串纓絡。身上暗帶無形神魔，囊中藏著幾許異寶。修羅教中護法神，九子鬼母稱尊者。

她笑中含威對觀音說：「曼陀仙子曾經對妳說過，我教要妳休在這東土逗留，從哪裡來，回哪裡去，妳為何不遵從？」

觀音說：「我奉佛祖旨意而來，為何要回靈山？」

「我教公主命妳回去，妳就得回去。」

「妳教公主只能管得妳教教眾，我與她無涉，為什麼要遵從她的話？」

那婦人身子一搖，護身青光化作一團黑氣將觀音圍住。自從她第一次向觀音發話，觀音已經聽出來她便是那天喚走曼陀仙子的人，自然也就是曼陀所說的那個教中尊者了。因此早有戒備之心，黑光一起，旃檀般若珠便同時飛起護身。

但見那黑氣越聚越濃，很快地遮了天光，般若珠的七色寶光好像陷入一個巨大的黑洞之中，又好像進入了黑暗地獄。觀音鼻中聞出一股血腥之氣，耳中聽得四外俱是啾啾鬼哭之聲。那鬼聲時而哀怨、時而淒厲，又宛如親人呼喚自己的名字。觀音定力深厚，這些都動搖、迷惑不了她的心靈。但是她料知來者已是魔教中的厲害人物，便打好一個以靜制動、只守不攻的主意，安心看看魔家到底有幾許伎倆。

黑氣中又有一股壓力，在觀音不在意的時候，四面突然一束，將珠光壓得縮小了一圈，血腥味立刻更濃，啾啾鬼聲也聽得更真切了。觀音也不動聲色，潛運佛法，合著的雙掌突然向外一分，佛光立即暴漲，無邊的黑暗中現出了天光，原來黑氣有幾處被震散了。

那女子也現出身來，她將黑氣收回護身，取出一面小鏡向觀音照了一照，然後問觀音：「妳可知道我是何人？」

觀音說：「實相無相，實名無名，我又何必知道妳的名字。」

「告訴妳，我乃大自在天之妹鬼母尊者，世俗之人稱我九子鬼母。妳曾在雪山上傷了我九個孩兒，所以今天命我教下用一把火引妳出山，要親自會妳一會。在妳教中，妳的法力也算不低了。我想約妳在今歲十一月月晦之夜，去北嶽恒山，我在那裡設了一個陣圖。妳逃出陣圖，任憑妳在這南海立足；妳破了陣圖，我教自公主以下，再不會與妳為難；妳倘若在陣圖中被我擒住，便將妳交與公主處治。不過妳也無須害怕，不過讓妳領受一下三十六種魔刑，馴服了，便送妳到毗那夜迦侄兒處，他不會虧待妳的。」

觀音也收回了寶珠，問道：「我為什麼一定去恒山赴約？妳有事找我，我只在普陀等妳。要不，把妳那個什麼寶貝陣圖移到這裡來，讓我見識見識也行。」

「我這是為妳好，陣圖寶光所照之處，百里之內、水旱、兵、疫齊來，恒山乃是荒寒之地，倒也無妨。我要移向會稽郡，百萬黎民受災，妳擔得起？」

「我要是不願意去呢？」

「妳會去的，妳會去的，已經由不得妳了，妳不久就會知道。」九子鬼母身子一搖，黑光爆散開來，化為萬縷黑氣，黑氣被風吹散，她也不見了。

拾貳 諦聽泄機

觀音回到普陀，沒有將與九子魔母會面的事告訴弟子們。這些弟子，除了惠岸、白猿靈兒、再加上金毛犼曾聽經多年、定力比較深厚外，其他幾個，雖然各有異寶、旁門法術也不低，若與九子鬼母相較，只落個道高一尺，魔高一丈。觀音於是決定獨戰群魔。

她只照舊與他們講經，傳與他們定慧功夫與佛法，卻告訴他們道業未成，只宜閉洞靜修，暫時無須出山行道。好在除了靈兒性子有些野，時萌離開天臺山遊玩一番的念頭之外，其他人都能安心靜修。菩薩記得如來說過這頭猴兒聽經既久，不須身罹三劫的話，因而對她放鬆了一些，允許她偶而化身在三吳區域內行道，但絕不許渡過大江。

菩薩自己，除了勤自修持以外，有時入定察看諸魔的行徑。但江左一帶不見曼陀魔女、九子鬼母的蹤影，連那個青鸞修成的太陰聖母也不知何往。因自己還未有如來佛祖的無邊法力，天眼通看不到北嶽恒山，不知九子鬼母在那裡設了一個什麼陣，也不知還有哪些魔頭助她。聽她那日說的話，口氣甚大，似乎自己必為她那個陣圖所困住。

觀音自思，自從轉為女胎降世以來，經歷了為父剁手剜眼以及肉身布施大荒神兩次魔劫，依法還有一劫。此劫不知應在何時，但自己甚不願意被羅剎公主擒去受那什麼三十六種魔刑。自己必須早做準備，如非去恒山赴約不可，也一定有脫身而回的把握。為此，每天修為之餘便是長時間的入定，以推求因果，探索禦魔之術。

一天，在講經之後，她對眾弟子說，自己以後要常常外出修積功德，也許一次離島數日之久，日月島和天臺山的弟子仍是三日一來本島，由大師兄惠岸領著修行，無事不得離山離島。又取出三支信香，分別遞與惠岸、靈兒和歸明，特別囑咐歸明，海眼重地，一發現警兆，立即燃起信香，不可有絲毫遲疑。

次日，菩薩仍用無相佛光隱形，隻身往九華山而去。她已知道，文殊、普賢、地藏三位菩薩處也各有魔女騷擾，一則看看那些魔女的伎倆到底如何，再則想方設法商定以四人合力共禦魔劫。九華山離普陀最近，所以她想先去看望地藏王菩薩。

佛法迅速，觀音很快來到九華山。九華山上有九峰，千仞壁立，周圍二百里，高一千丈。

地藏菩薩曾在佛前發下宏願：一定要盡渡六道輪迴中眾生，拯救各種苦難，才能成佛，因而常住地獄中，而道場卻早在觀音降生在妙莊王宮中之時設立於九華山。

所以觀音來到九華山時，山上已經有了不少寺院和比丘尼修行的庵堂。

觀音隱身圍著全山飛了一圈，沒發現有任何異狀，然後她飛入後山一條峽谷之中，地藏昔年所發的五願中，第三願是：「應眾生需求，令大地草木花果生長。」全山各處佳木、幽花，甘果、芳草到處可以見到。這個峽谷雖兩旁石壁矗立，無法攀緣而下，谷底卻是芳草芊綿，時有奇花點綴，兼有一條清澈的小溪潺流過。雖然日光不能直接射下，也並不十分幽暗。觀音落到谷底之後，面對著一處平滑的石壁現出身形。她屈食指向石壁空彈一下，石壁上立刻響起一聲鐘鳴，清越而幽長。她連彈指三下，鏗然一響，壁上突然現出兩扇石門，緩緩地分開。當門一個小沙彌，面目清秀，向著觀音和南致敬，說：「師父請師伯洞中相見。」

觀音經過了一條長長的甬道，甬道盡頭一個山洞，甚是寬大潔淨，卻只設了一個寬大的石榻，幾件石几石凳。洞中設了四個屏風，好像赤晶製成，發出火紅的光，照得全洞通明，那光卻甚是柔和。地藏已經走上前來迎接觀音。

在四大菩薩中，只有他的法身作比丘僧裝束，但見他身材高大，方面大耳，眉目間似含憂愁，又似含著悲天憫人的容態。他一手持能開天門、遁地闕的九環錫杖，項掛紅豔豔、光燦燦的如意寶珠。他已知觀音轉為女身，但仍以師兄相稱。他說：

「阿彌陀佛，我該去普陀山看師兄的，怎奈近幾個月來，有個魔頭時來山中大施伎倆，誘我投入魔教，前幾日更進入洞中騷擾，我只好留在洞中應付，師兄寶山去不成了。」

觀音說：「我也就是為了這事找你商議。我那裡也有魔頭前去騷擾，還不只一個。聽他們的口氣，文殊、普賢兩位師兄也不素靜。我先前覺著天魔混世一說，只是他們造災造難，為害世人，用佛法驅趕走就是了，沒想到這回是專門對付我教的。有一個魔女叫做曼陀，就大言欺人，說要把我們全趕回靈山去。」

地藏搖了搖頭：「真是邪魔外道，我們發宏願普渡眾生，並不曾想傷她魔教弟子，她這不是無端尋釁嗎？不過，師兄也不必過於擔心，從來我九華那個魔頭的法力看，似乎不敵我佛門大法。」

「來你這裡騷擾的是個什麼麼樣的魔頭，有什麼樣的伎倆？」

「是個極醜陋的女魔頭，自稱叫做鳩盤荼。她養有五個有相神魔，曾經口吐魔焰，要把我這座洞府燒毀。我用如意形容珠護在峽谷上空，他們燒了七天，還不肯退。我用九環錫杖飛出寶光之外，打傷了她三個神魔。她又用了移山法兒，從附近的黃山移了一個小山峰，要把我這峽谷塞住，被我用錫杖打碎，碎石用巽地神風送入了東海之中。她誇下大口，說出去借法寶，可以把我的元神吸出，送往她教中羅剎公主處，說什麼要受三十六種魔刑。不過，又是七天過去了，也沒有來。」

「你那個坐騎諦聽，不是可以上察三十三天，中察四大部洲，下察九幽地府，何不讓牠察一察魔頭來歷？」

「牠說已然查過，此番天魔混世，由大阿修羅魔王的女兒羅剎公主主持。她已經派了四大魔女來中界，聽說又派出了一個教中長老，因公主用魔法隱蔽，所以察不出是哪個魔神……」

觀音：「這個魔教長老叫九子鬼母，已經和我見過面，她和我訂約，讓我在仲冬十一月晦日去北嶽恒山鬥法，她在那裡設了一個魔陣。」

「諦聽知道你要來，說要見你一面。」

二位菩薩一齊到了另一洞中，地藏的坐騎異獸諦聽正在閉目伏地似在察聽什麼。這諦聽雖然法力不高，卻最擅長察天聽地，牠自知曾經泄漏了天地機密，為了避免天劫，才投入地藏門下。不一會兒，牠抬頭睜目，對觀音說：「那恒山頂上魔陣是羅剎公主親手設下。師伯仲冬之行大有兇險。」

「怎麼個兇險法，她們在那時設下了什麼埋伏？」

「有極厲害的魔法隱跡，一時也察看不出來。」

地藏菩薩問：「難道你師伯避不開這一劫？」

諦聽又伏身閉目，停了一回，抬起頭來說：「只是有些兇險，說不定受到些魔難，可是還是能超劫降魔。」

觀音對地藏說：「佛祖曾說過，降魔要憑定力，憑仗法力乃是下乘。今日來到九華，可謂不虛此行。既然知道你力能應付魔女，我也就放心了。真要是那鳩盤荼請了九子鬼母，難逃我天眼通的監察，我一定要來九華山會她一會。」又對諦聽說：「將來你成道的事，我設法助上一臂之力，願你好生修持。」

地藏說：「你去恒山赴約時，將我的錫杖帶去，無論她們的魔陣多厲害，怕也難當此杖通天徹地的威力。依我看，魔教對付你，也就是對付我們四人。你應該到文殊、普賢二位師兄處看看。」

「我也正有此意，師弟，我用地行之法出山，免得鳩盤荼她們知道我曾來此地，又給你惹來無謂的麻煩。」說完，一片祥光擁著，向地底鑽去。祥光斂處，地平如砥，完全看不出她從那裡走了。

峨眉山在西蜀成都東南三百餘里處，因兩山相對，遠望如同女子的一雙蛾眉，所以得了這一個美麗的名字。此山周圍千里，高八十里。山勢峰巒起伏，重岩疊翠，氣勢磅礴，有石龕一百十二，大小洞四十，幽岩谿谷，含蘊無邊秀色。絕頂萬佛頂，可西眺大雪山，為蜀中第一名山，又有「峨眉天下秀」的佳譽。此地又是最早傳入佛法之山，東漢時已經在山腰山麓建有寺院，因此附近山民多信仰佛教。約在二十年前，山民染有一種疫病，患者多不治而死。有一龐眉老僧，帶領一個身材高大的行者，手挽藥籃，自往病家施藥，凡用了他藥的，無不著手回春。更奇異的是，他有時竟同時在幾處出現。漸漸的，山民傳說他是真佛下凡。

一次，在一處治病時，病人問他名字，他只說：「貧僧法號普賢。」這家一位老婦人忽然想起日前做的一個夢，原來山民最敬山神，老婦因兒子常在深山絕岩採藥，每日給山神上香，祈求保佑。兒子初染病時，她日夜憂思，卻夢見山神傳話，要她勿憂：「不久就有普賢菩薩前來解救一方生靈，爾等好生接待。」老婦人看今日醫病的老僧面目慈祥，雖然年邁，卻有一股令人欽敬的氣度，便出外對左鄰右舍說了。

那些曾被醫得痊癒的人全都蜂擁而至。當老僧出門歸山的時候，一群山民都跪在山路上高呼：「敬謝普賢菩薩。」平地一聲霹靂，老僧已在空中，現出莊嚴寶相。

那長大行者變成一隻白象，菩薩跨了，冉冉向著萬佛頂飛去。從此，山民時見佛燈佛光之異。

觀音離了九華山後，思忖那五臺山鄰近恒山，自己要是去會見文殊師兄，恐怕容易被鬼母察知。不如先去峨眉山見普賢師兄定個計策，最後再去五臺山，想定以後，縱無相佛光，直往蜀地飛去。

到了峨眉山看時，此山雄奇幽秀，非九華山可比，但占地過大，千岩萬壑，不知普賢在何處。觀音在雲層中已經看見了最高峰萬佛頂，她想，降落到峰頂用天眼通可以察見普賢之處了，便往峰頂飛去。快要飛到萬佛頂時，她已發現央頂不但被一團紫霧籠罩，且不時閃起普賢的至寶降魔金環的寶光，就知道大阿修羅教下果然同時出動，不知派了什麼樣的魔頭，向峨眉山尋釁來了。

她升高了無相佛光，從高空上下瞰萬佛頂，但見山頂上，一邊是普賢菩薩和兩個弟子慧根、慧性，菩薩已現出莊嚴法身，乘坐白象之上，一手挽訣，一手平舉降魔杵。三環金光，一環護住他師徒三人和坐騎白象，另外二環分別圍住了一男一女和五個赤著身體、粉白琢玉、大約五、六歲的男孩。

這一男一女，男子手托一個綠色鉢盂，飛出一股小兒臂粗的綠光，一半護身，抵住普賢的金環，一半變為如霧的綠氣，反過來圍住普賢師徒三人。女子持著一個發出金碧光華的圓球，徑約四、五寸，手臂業已高高舉起，似欲打出。那五個赤體小兒分作五梅花形，懸空而坐，口中各噴一股火光，然而被普賢的一枚降魔金環束住，射不出去，卻像一個金色傘蓋被五根火柱撐住，一邊難以壓下，一邊難以衝出。慧根、慧性各自手持一口青光閃閃的戒刀，分立普賢左右，似在戒備，沒有動作。

觀音菩薩見普賢沒有敗相，便想再看一看，忽然，左手中指所戴的無相環，碧光微微一閃。她知道有天魔在這附近了。舉起左手，透過無相環碧光看時，一個若有若無的人影正朝普賢飛去。剛一飛入綠霧之中，立刻綠光大盛，普賢護身金光，色彩黯淡了許多。她一面手挽示現訣印一揚，一面大喝：「普賢道兄，當心天魔。」

那無相環發出一線碧光，電也似射入綠霧之中，霧中便飛起一個赤身少女，她直射高空，似欲遁去。她快，普賢比她更快，降魔杵飛快追上，只一擊，擊得女魔身上綠光亂迸，一聲悲嘯，帶著搖曳之聲，飛向北方遙空。觀音隨著按落祥光，與普賢、男女二人成三足鼎立狀，剛要發話。

那女魔怒氣衝衝地問觀音：「哪裡來的潑婆娘，壞了我的大事？」

觀音含笑說道：「壞了妳的大事，什麼大事啊？妳不是奉了羅剎公主之命，要把我師兄從東土趕走吧？」

普賢說：「不錯，她們一連在此糾纏好多天了，我一再勸告，我是奉佛旨而來，不能受她魔教約束，爭奈她充耳不聞，一再無理取鬧。今天揚言，要讓什麼五火童子將我的洞府燒為灰燼。」

觀音對那女子說：「妳也是四大魔女之一吧，叫什麼名字啊？」

那男子插話了：「大阿修羅教中堂堂有名的忉利仙子，妳都不認識？」

「妳我修行道路不同，何須認識。我這位師兄宅心慈悲，處處忍讓。今天我趕上了，倒要會一會妳這位堂堂有名的仙子。」又對普賢說：「師兄，先請收回金環，我要領教一下五火童子的魔火。」說完，飛到五小兒上空，並且取出了玉淨瓶。

普賢的降魔金環剛一撤回，五股火光立刻化為一片洪洪火焰，漫天徹地向普賢捲去。忉利仙子向巽方吸一口氣，噴了出去，火光發出轟轟之聲，並且將普賢的護身金光包圍得嚴嚴實實，從外面再也看不到絲毫金光。觀音觀察了一下，已經看出了這魔火的惡毒。她用楊枝飽蘸八功德池水，連連向大火最旺之處揮灑，雖然落下的只是濛濛細雨，可是火勢很快由強而弱了。這時，五個童子齊聲大叫，各自身化火光撲了上去，火光立刻又旺盛起來。

觀音面向西方，合掌通誠道：「佛祖鑒臨，弟子不得不開殺戒了。」手一指，羊脂玉淨瓶中湧出一股手指粗細的水光，升到空中，立刻化為一片雲霧，接著傾盆大雨專揀有火之處蓋了下來。火光開始減小，最後分開，縮成五團豆大的火光待向雨幕之外飛去。觀音用楊枝一指，傾盆大雨化成一團極淡的煙，然而五團火光卻在煙雲之中左衝右突，宛如凍蠅鑽窗，就是衝不出來。

忽聽忉利仙子急喊：「休得傷我五火童子！」手一指，圍住普賢的綠霧一齊向觀音擁去，又一揚手，手中圓珠化為畝許大的金碧交混的光華，像一個巨大的鐵鎚，雷霆萬鈞地砸下來。觀音心念一動，旃檀般若珠的七色慧色立即飛起，擋住了綠色魔霧，加持寶杵也離身飛起去迎那團金碧光華。誰知空中一聲巨響，千萬點金碧螢光，紛紛落下。原來普賢的降魔寶杵已經先一步暴漲數十倍，迎了上去。有道是邪不敵正，只一杵便將忉利仙子的魔球擊成粉碎。也就在這短暫時間中，霹啵幾聲響，五團火光自行爆炸了，五火童子化為烏有，八功德池水化成的雲霧飛入羊脂玉淨瓶中。

忉利仙子還欲再戰，那男子缽盂中放出的綠色魔霧，被旃檀般若珠七色寶光一照，漸漸消逝，嚇得他忙舉缽盂將綠氣收回。忉利仙子見連失重寶，本以為有人主持天魔偷襲，定會得手。豈料連天魔也受創逃走，便已萌退志。觀音有心將她逼得不敢再來，便將加持寶杵飛出，直取二人。就在寶杵化成金龍，舒爪欲抓二人時，二人化成兩團黑氣，鑽入山石之中去了。

普賢方與觀音相見，忽然一陣香風吹來。空中有人大笑：「我來晚了一步，未得見觀世音賢妹大展佛法，驚走魔頭。」

普賢撫手大笑道：「文殊師兄來了，莫非也是為了魔頭相擾嗎？」

一片祥光已經擁著坐在青毛獅子之上的文殊菩薩，落在萬佛頂上。文殊下了坐騎與二人相見，一面說：「我那五臺山倒也有魔頭前去相擾，其實不足為慮，已經為我驅逐走了。我此來專為商議賢妹恒山赴約之事。」

「什麼恒山赴約，我怎麼不知？」普賢問道。但立刻又笑道：「此地非交談之所，請到我鎖雲澗中去談吧！」說完跨上白象，當先飛下萬佛頂。那鎖雲澗在金頂旁懸崖之下，並不是個山澗，而是四面高山中的一個小平原，方圓有數十里。觀音見此處不僅土地平衍，道路修潔，芳草遍地，奇樹成行，樹上開有碗口大的白花，重萼疊瓣，到處瀰漫著一股幽香。而且更有一件奇處，空中飛翔著數十隻白鶴、青鸞、孔雀等仙禽，山下成群山羊、麋鹿、熊羆、虎豹等交雜四處，卻是各得其所，互不畏懼或傷害。觀音知道這是普賢佛法所渡化的，不覺暗自佩服。

文殊、普賢早已下了坐騎，青獅、白象自行走去。普賢引文殊、觀音沿著細沙鋪成的一條大路，直向遠處一個山洞走去，一邊說，這鎖雲澗原是道教一個地仙修真之所，他後來位證天仙，臨飛升時用法術封鎖了此澗，卻被自己無意之間發現。奇花異樹是此地原有的，各種禽獸卻是自己來後，到各地採藥，遇上馴化了的。還有十餘隻蒼猿，遍山去採成熟的果子。

大路盡路是一個小湖，由山頭掛下來一條瀑布的水匯成的，湖的左右兩側各有三個山洞，普賢引著他們進了左側中洞。觀音猜著這是普賢師徒修習禪定之所，因寬闊的洞中，只設有一長石几，上面擺著香爐經卷，幾前放了三個蒲團，洞內頗亮。普賢指著洞頂虛懸著的一顆發出極亮銀光的明珠說：「這是大雪山萬古冰雪凝聚而成的地寒珠，被我偶然之間得到，身佩此珠，即能避寒，師妹既有恒山之行，不妨帶上它，以防……」

文殊搖手止住他的話，因為慧根正用玉盤托了三小杯乳白色漿液進來了，等他獻上玉漿後，普賢命他在洞外看守，道有要事相商。等他人退出去後，文殊取出一道靈符一揚，一片金光將洞頂、洞底、洞房一齊封住。普賢說：「小弟澗中已有佛法迷蹤，師兄何必如此小心？」文殊說：「對頭太厲害，不得不如此。」普賢說：「這三杯是空青仙乳，也是偶然得到，只有這麼多，恰好留以供客。就算有機密大事，用過再談不遲。」

文殊一口飲完仙乳，看著觀音說：「妳先到九華，又到峨眉，說不定還要去我五臺，是不是已經算到了魔劫應到自己身上，設法找我們求助？」

觀音回答：「我轉世以後經歷了兩劫，另外一劫卻不知何時到來？我找你們，只想看看四大魔女的魔法到底如何，還想知道九子鬼母是不是也找上了你們。」

普賢不解地問道：「九子鬼母是怎麼回事？」

觀音把自己到普陀後的一切經歷都告訴了他們。

文殊說：「這就是了。這次天魔混世，本來老魔王的意思無非派幾個魔女在人間造些災害，我教和道教如果出來降魔消災時，雙方角鬥一番，便各自離開中界，等待下一個五百年再次降臨中土較量。不料妳在雪山傷了他教下幾個陰魔，惹怒了羅剎公主，便派了鬼母下凡，一定要把妳收到她教下，否則破壞妳的道基，使妳重新輪迴，成為凡人……」

普賢問：「這些機密事，師兄如何知道的？」

「不久前，阿難師兄奉佛旨到了五臺，交與我三個錦囊，由我們三人分別開視。阿難師兄說，魔教中最厲害的人物也許還不是九子鬼母，可能羅剎公主親自出手，一定要觀音應這一劫。不過佛祖為此，運大智慧，遍觀過去劫、未來劫，祕授了超劫之方。師妹只要照錦囊中所言行事，佛祖說，有驚有險，終是無礙。我先是將錦囊要送往普陀，中途看到一個受傷的天魔從你這一方逃去，覺得奇怪，才趕到你這裡來。如我所料，天魔果然又是被師妹所傷。」

觀音一看，錦囊標示的開視日期正是今日，便與文殊普賢說了，要回島開視。文殊說：「此間有佛祖神符封洞，便是大阿修羅也不能透視，最好在這洞中打開，看了後，妥為收藏，囊中自有佛法掩去形跡。」說完，三人一齊開視錦囊。看完，三人相視一笑。文殊和觀音向普賢道別，普賢也不挽留。

觀音仍然用無相佛光隱身，回到了普陀島，她把靈兒和歸明、金兒都喚來，和所有的弟子，包括金毛犼、白鸚鵡作了一番諄諄囑咐，然後隻身出島。包括惠岸在內，誰也不知道她到哪裡去了。

北嶽恒山天幽谷，占地甚大，然而四面是積雪的高山，山峰全都有濃霧籠罩。

全谷是一個不太規則的圓形，正在圓心處，矗立著一座完全由黑色石頭蓋起來的巨大宮殿，白天太陽照進谷中時，這座宮殿也被一層極濃的黑氣團團包起，宛如一個黑色的大球。

宮內，除了千門萬戶、分成許多間大大小小的房屋外，居然還有小橋流水、亭臺曲廊、樹木花草、仙鶴麋鹿，使人猜不出北方積雪凝寒的大山之中，這黑氣包圍的詭異宮殿，到底是一個什麼所在。

宮內一間陳設裝飾華麗、儼然貴女閨房的屋子裡，隔著一張玉几，兩人對坐交談。正在說話的是曼陀仙子，只聽她說道：「只看見文殊和尚跟那賤婆娘從峨眉山鎖雲澗裡飛出，她用隱形之法一直飛往普陀，從血光照形寶鑑中看得清清楚楚。島上，除了她的迷蹤佛光外，還有青霞那個小賤人用丹氣掩蔽，寶鑑照不到島裡面，不過，那猴子、烏龜和金鼇都去了普陀島，一定是賤婆娘作了什麼安排。沒有半天，她又隱身出來了，向我們這個方向飛來，奇怪的是，半路上忽然不見了。」

靜坐而聽的人是九子鬼母，她鎮靜地問：「在何處不見的？」

「在泰山上空。」

鬼母好像在問自己：「她去泰山作什麼？」接著，又對曼陀說：「叫魔眼童兒整天盯著照形寶鑑，寶鑑一直對著泰山，一發現她的蹤影，立刻告訴我。另外，你帶領羅剎女，到泰山去，一峰一谷、一澗一洞都要搜上一搜。帶上九陰神火柱，見到那婆娘，先困住她，我立即趕去。」曼陀仙子答應著，不久，她和羅剎女飛向泰山，待了五天，幾乎將全山一木一石都查遍了，卻連觀音的影子都沒看到。她們回到恒山魔宮後，無可奈何地將一無所獲的結果告訴了鬼母，同時也聽說了，魔眼童兒同樣一無所獲。觀音竟然在鬼母親自安排的監視下，失去蹤跡了。

拾參 魔王祕謀

觀音從普陀島出來後，仍用無相神光隱身，向西北方面飛去，彷彿不是去五臺便是去恒山。當她剛越過泰山日觀峰到達後山時，暗暗取出佛祖錦囊中藏著的一道靈符向著空中一揚，便撥轉雲頭，直向正南飛去，直到南海一座正在噴著濃煙烈火的山口。

她先遠遠地向火山口望了一陣，然後收起隱身符，用旃檀般若珠的七色神光護身，又用玉淨瓶中八功德池水化成一片水雲，周圍丈餘方圓，圍在外層。接著縱起祥光，直向火口投入。那向外噴出的烈火，其力甚大，觀音衝了幾次，俱被阻住。她又取出加持寶杵，化作一條金龍，一面猛吞烈火，一面向前開路，這才衝入山腹。

她先避開火勢正旺之處，然後又運用天眼通察看，終於看到在山腹深處，一個幾百丈方圓的大火團中，有一拳頭大的白光。她又放出八功德池水護在身外，然後飛身進入火中。雖然隔著護身寶光，仍有極大的灼熱感覺，但她守定心神，飛得甚快，就在白光在望之時，雙手一揚，十指發出十道銀光，像網一樣網住了它，翻身一直飛出火山口。她又取出佛祖賜的靈符隱住身形，看收得的那團白光時，卻是一顆核桃大小的紅珠，珠上無數火焰影子，似欲飛起。她用一個絲囊將這顆火珠收起，然後向著昔年經過的點蒼山飛去。

她在點蒼山尋了一個隱蔽的山洞，略略收拾了一下，便用佛法封洞，收起隱身靈符，依照錦囊指示，在內潛修。隨著她的佛法日深，天眼通雖然還不能遍觀四大部洲，卻已能看到恒山的魔宮。她並不急於察看那個曼陀仙子說的什麼陣圖，只是苦練旃檀般若珠和定慧之功。就在已經鄰近仲冬十一月之時，她便將二者練得合為一體，練成了大旃檀降魔慧光幕；隱現、大小、強弱，俱隨心所欲。此光籠罩之下，天魔也不能脫出。於是，她才出洞，仍用佛祖的靈符隱身，回轉普陀島。考察了眾弟子功行之後，便每日傳授他們法力，專等恒山赴會的日期到來，間中每日行法察看魔宮動靜一次。雖然魔宮有魔法隱跡，但也察得了一些虛實。

果然不出她所料，有一次她看到了羅剎公主降臨恒山絕頂，被鬼母迎入魔宮之中。她頓時明白此番要想超劫，必須戰勝這個魔頭。

十一望日，她悄悄離島，一去三天，回來後，獨自去月島潛修，除了由歸明護法外，不許弟子張揚。七天後回到普陀。這個月小盡，離月盡日的晦日還有七天，她竟然撤了普陀島上空的佛法迷蹤術，又命青兒收回丹元之氣，換了一面青絲織成、宛如輕綃的小網，擲向上空，不借助照形之寶，島的上空是透明的，縱有輕雲飛過也看得清清楚楚，而從上面下視，卻是一片海水。她召來眾弟子，傳了出入之法，然後現出法身，不再用無相神光隱形，只由一片白雲托足，離島飛出。先到九華山住了兩天，又到五臺山文殊處住下。十一月二十九日晨，她獨自向北方飛去，一入恒山山口，便用佛門獅子吼遙向魔宮所在的天幽谷大喝三聲：「釋教門下觀世音赴約來了。」然後運用天眼通觀看谷內動靜。

卻說九子鬼母也知道觀音為了對付自己所設的魔陣，必然各處求援借寶，有所準備，因此在魔宮設下千里照形之寶，時刻窺探她的行蹤。當發現她去九華、峨眉，甚至在峨眉傷了一員天魔之後，也覺著是意料之中的事，並不驚慌。不過，後來查不出觀音的蹤跡了，倒使老謀深算的鬼母感到不安。眼看著約定的日子越來越近，觀音怎樣準備應付這次兩教大交鋒，她卻知之不多，本來很有把握制服觀音，如今竟躊躇起來了。於是，她用祕魔傳音之法，將此事告訴了大阿修羅，期望魔王出手援助。

就在觀音日月島坐關苦修之時，羅剎公主隻身簡從——她出行一向有十六個魔女導從的——來到恒山。她離恒山尚有千里之遙，鬼母已有感應，立刻到絕頂玄武峰迎接。

鬼母剛飛上玄武峰，遙見西方一個極小黑點移動，便連忙躬身，口稱：「迎接公主。」待她直起身來，公主已在黑氣簇擁之下站在了對面，對她說：「姑母何必對侄女行禮？」鬼母說：「妳已經代行教主之職，我教教規，不可不遵。」

公主一笑說：「去妳宮中說話。」揮手之間，二人已經移至魔宮主殿大須彌境之中。

鬼母首先發問：「公主一向很少來閻浮世界，這次莫非為了降伏佛教那個瘟婆娘而來的嗎？」

羅剎公主說：「不錯，妳向父王通誠，問怎生對付這個觀世音。父王已經與如來和李老君相約，這一劫中，他們三個教主都不出手，可是父王又早就算出，三清教在中界的幾名道士、張道陵、葛洪、許遜什麼的，法力低微，值不得我們與之角技，也不敢阻擋我教布劫於人間。只有如來那個煩惱和尚，預先用了布置，派出四個法力高強的弟子來中界。表面上說什麼阻止我教造作災劫，加害世人。實際上是要霸占東土，將我教力量驅趕出去。父王便把對付他們的事交與了我。我派曼陀等四人試了一試他們的法力，發現最難對付的便是這個觀世音，所以請姑母謫降中界，主持全局。倒沒想到姑母遇到了難題，才親自來看一看。姑母曾經與她見過面，那一回，她為我教祕魔黑煞之氣所困，雖然勉強震散一些煞氣脫險，並未占得上風。不知姑母為何臨陣膽怯起來？」

「我一直用法寶察看這個婆娘的蹤跡。只是，她在峨眉山普賢那個毛僧處傷了我一個天魔之後，忽然失去了蹤影，至今用照形之寶還察看不到。我猜著她不知躲到何處修練去了，心裡甚不踏實，所以稟知教主。」

「姑母本有通天徹地之能，是不是以為她竟然逃脫了妳的監視，又不知逃往何處，便覺著她功力高過於妳，因此擔心將來制她不住？」

「我還擔心如來說不定賜與了她什麼法寶，她躲藏起來苦苦修練去了，因忉利從峨眉山敗逃之時，途中發現五臺山的文殊也向峨眉山方向飛去。得知這個訊息之後，我用察形之寶照向峨眉，卻因他那鎖雲澗的主洞不知被什麼法術封鎖，照來照去只是一片極淡的金光，不見人形。諒那文殊無此法力，便又用時光倒流之法照向五臺山，果然發現文殊去峨眉的前一天，也曾用法術封洞，察看不出個端倪，是以猜著一定是瘟如來派人到五臺山，傳了什麼法兒，再由文殊傳與那婆娘。」

羅剎公主點頭道：「姑母所料不差，有一天我在須彌山頂偶然看到，五千里之外一個極淡的隱形人向著五臺山方向飛去，隱形術之高，遠遠超過他教中四大菩薩。我推算了一下，只算出隱形人是他西方教下的阿難，旁的推算不出來，便料到如來怕他弟子被妳擒來露醜，作了大哥的姬妾，便暗中大弄玄虛，助她脫這一劫了。」

「聽公主的話，莫非那賤婆娘要應這一劫嗎？」

「不錯，想我教每隔五百年來中土與釋道兩教鬥法一次，雖然常常難遂我教之願，他們也總要有人應劫。這次我要讓觀世音應這一劫，縱使不能擒住她送給大哥，也要讓她的法身受一下幾種天刑。」

「那如來不能助她脫劫嗎？」

「當曼陀向觀世音念我那一腳踢翻九品蓮的詩句時，她不是表示小看我嗎？我已經用通天大法傳語給如來，說要給這婆娘一點厲害，姑母猜那如來怎麼說？」

「他向侄女代那小賤人求情了？」

「倒沒有，他說了四句偈子！逢苦不憂，得失隨緣。是垢即淨，如火中蓮。」

「如此說來，她那小賤人終能逃脫此劫了？」

「不錯，但是老如來說了是垢即淨，便等於承認小賤人要受我魔刑加體，無可逃避。他們一直笑我教中女弟子淫邪無恥，這賤人恰巧轉為女身，我要她等同我宮中賤妓，著她身受大歡喜之刑。即使她逃出這一劫，看她以後在東土傳教時還敢自誇清淨之身否？如來對此也無可奈何，便用是垢即淨來解嘲了。」

「既然公主已有成算，這北闕天魔大陣還需要繼續祭煉嗎？」

「一切施為都還靠妳這魔陣，一則因妳指著能不能破陣這一條與她賭賽，我方自然以魔陣顯示我教威力；再則此陣玄妙，加以由姑母運用，她也難輕易破陣，我只需在原來的陣圖上，增加幾處法寶和天刑就行了。」

「只怕我運用不了。」

「自家法寶，姑母怎的不能運用。到時我傳一下法寶的用法就行。這且不說，原來商議的那攝形迷真大法練得怎樣了？」

「正是此事為難。想是我法力不夠，雖然曾經在會稽郡親自用攝形鏡攝了那婆娘的真形，也找了與她形貌極為相似的女子，將所攝之形用我教大法附於此女之身，一直祭煉到今日。雖然已經煉成那婆娘的代形替身，據忉利和曼陀說，形體與那婆娘一般無二，只是不能與她真身有所感應，幾次對替身加刑問那婆娘現在何處，她卻說不出來。不是不說，是她總是不能與那婆娘心意相通。」

「妳把那代形的法身喚來我看。」

鬼母嘴唇動了一下，接著兩點火星落在殿內，曼陀仙子與忉利仙子押著一個女子站在了面前，曼陀說了一句什麼，三人一齊跪下向羅剎公主見禮，禮畢站起。那女子的面目、神情、身材、衣履，全與觀音一樣。曼陀指揮著她在羅剎公主前面緩緩轉身，現出正面、側面、背面。又輕聲喝斥，那女子迅速解脫全身衣衫，一絲不掛地在原地轉身，讓羅剎公主驗看。接著她來往走了兩趟，步履莊重，毫無輕佻樣子。曼陀又命她穿上衣衫，交與她一個上插楊枝的淨瓶，問她：「妳是何人？」

她應聲回答：「貧僧乃靈山佛祖的弟子，法名觀世音。」

曼陀仙子對羅剎公主說：「面目、身體、舉止、聲音，和那婆娘像得不能再像了。」

羅剎公主告訴曼陀：「妳和鳩盤荼照常祭煉魔陣，仍利照看察形之寶，三日之內不得進入此殿。這女子留下，由姑母再行祭煉，妳們去吧！」

公主又對鬼母說：「怎麼擺布觀世音那婆娘，乃是極機密的事，不到鬥法的緊要關頭，甚至不能讓她本人察覺，因此不可不防。」說完，張口一噴，一團黑煙立刻漲大，將這間大殿上下四方全包沒起來。

三日以後，仍在這個殿內，代形替身的那個假觀音，正在一個蒲團上趺坐，頭上隱然有一團七色奇光。鬼母卻與羅剎公主對坐交談。鬼母說：「不是公主親來，這替身焉能如此與那婆娘本身連成一體。」

公主笑道：「不是連為一體，是一體化而為二。」

「我等法力低微，幸得公主親施法力，才能製成控制那婆娘的代形替身。」

「倒不是姑母法力不濟，是觀世音的定力太強，不得她的精血注入代形女子身上，便是我也不能成功。幸而毗那夜迦大哥當年與她交歡時，收了她的紅鉛，這一點恐怕她自己也想不到。妳記住，為了防止她有所防備，只有在我來到時才能使用這代形女子。」說完袍袖一拂，收回封殿黑霧，羅剎公主也不知去向。

九子鬼母取出一個葫蘆，打開蓋子，大喝一聲，正打坐的假觀音站起身來越縮越小，終於縮成寸許長的小人，投入葫蘆之中。鬼母收起葫蘆，喚來四大魔女，帶領她們同到魔陣之中，將羅剎公主交來的法寶裝設停當，然後命她四人各守一方，自己坐鎮中央法臺，一遍又一遍地演習陣法，直到十一月二十三日才演習純熟。

當她們出陣回到大須彌境廣殿之中，羅剎女來報，觀音已經出現，從普陀山飛到了九華山。

鬼母笑道：「她現身也好，不現身也好，隨她到哪裡，我們只要等她自行投到便了。」

觀音在恒山山口用佛門獅子吼通報自己來到之後，潛用天眼通察看動靜，已察看出從魔宮中飛出一團黑煙，擁著九子鬼母和四大魔女投入預設的魔陣之中，接著一點火星向山口飛來，火星迸散，現出了羅剎女與大魔女。

羅剎女首先發話：「妳鬼吼什麼，來了就是來了，莫非還要叫人迎接不成？」

觀音笑道：「是你們教中的鬼母尊者約我來破陣的。我來了，主人也須有個交代。似這般她不見我，這陣不破也罷，反正我已來過，權當赴過了。失陪。」

羅剎女忙說：「莫走，莫走，待我稟知尊者。」她轉過身來，對著魔陣方向說了幾句話。還未見鬼母答覆，一片紅雲從谷外飛來。瞬息之間落地，原來鬼母的九個寶貝兒子到了。

他們鬧鬧嚷嚷地七言八語：「這個惡婆娘來了。告訴娘，捉住打她一頓。」

「何必告訴娘，咱們還怕打她不過？」

「上回在雪山吃虧了……」

「那是沒有留意，吃她那杵兒打了一下。這次我抵住杵兒，你們去打她。」

「好，我要用神鞭打她二十鞭……」

「我要挖出她一隻眼睛。」

「莫慌，待我用縛龍索把她捆起來，你再挖她的眼。」

「她算什麼龍？只是個惡婆娘，你那索兒捆了她，就該改成縛婆娘索了。」

「三哥，防著她的杵兒啊，我要動手了。」

吵嚷了一陣，不知什麼人發了號令，立刻五、六件法寶向觀音飛來，法寶的前面，三個小兒雲光護身，赤手空拳，作出撲打之狀。

觀音受了文殊傳來的佛祖諭示，說此番來破魔陣，是道消魔長或道長魔消之機樞所在。戰敗鬼母，使羅剎公主無所得而去，就算制止了這一次天魔混世。下一劫又在五百年以後了，因此由不得半分容讓。她也下了決心，必要時就開殺戒。因強敵還在後面，她不想暴露自己已經增強了的寶力，便不用旃檀般若珠和加持寶杵，暗取佛祖賜與的萬法金缽盂，隱去光華，放在空中。九個鬼子連人帶法寶就要飛到觀音身邊，都被吸人金缽之中去了。

羅剎女在一旁看熱鬧，她知道九個小兒的厲害，心中以為一上來就給觀音一個下馬威。忽然發現，九子連同他們的法寶一齊不見了，觀音仍是意態從容地立在當地，便大叫一聲：「尊者快來，小師弟不知被這惡婆娘弄到哪裡去了。」

一縷黑煙掛在面前，九子鬼母陰沉著個臉問觀音：「妳把我兒怎樣了？」

觀音安詳如常：「妳約我來破陣，還不知道陣在哪裡，一幫子小兒就來逞兇，我把他們暫時捉起來了。」

「那是我的兒子，他們與妳我此次鬥法無關，妳把他們放了。」

觀音暗笑，我早知道他們是妳的兒子。表面上卻皺起了眉頭說：「妳我鬥法，他們為何從中搗亂？且煞一煞他們頑皮之性，見識完了你們的陣法，我自然會放他們出來。」

鬼母心想：到那時擒了妳這個賤人，還說什麼放不放的。我要讓孩兒親手用魔刑治得妳死去活來。她也沉住了氣，說：「好，隨我前去觀陣。」

二人站在那一大團山也似的黑氣之前，鬼母指著說：「這是我大阿修羅教下一座小小的仙陣，也沒有名字。妳以後也許能藉此進到我歡喜緣宮中去，權且叫個結緣陣吧。依照咱們約定，妳進了陣，不是我贏，就是妳贏。咱們的約言妳還記得嗎？」

觀音說：「當然記得，可我要是出了陣或是破了陣，你們不毀約嗎？」

鬼母說：「既有約定，怎能毀約？」說罷一揚手，一聲雷響，黑煙中現出了一座陣門。

「陣法已經發動了，半個時辰之內，妳必須入陣，否則算妳輸了。」說完鬼母帶了羅剎女和天魔女飛入陣門去了。

觀音運用天眼通觀察了一陣，只看到陣中似有一座法臺，臺上坐著曼陀仙子，臺上有權杖等物，全陣黑煙滾滾，看不出什麼來。心知一定有魔法隱去形跡了，倒也不可輕視。她向地下一指，平地生出一朵白蓮花，便手執加持寶杵，蓮花托足，冉冉過了陣門。

一進陣中，黑氣四面擁了上來，這黑氣原是鬼母所煉的祕魔煞，集地獄中極端穢惡之氣煉成，人一沾身，便神智昏迷，為鬼母操縱，任憑她擺布指揮，久而久之，變成魔男或魔女，永遠淪為魔宮侍者。觀音在會稽初遇鬼母，領教了一次，以那時法力，不能將它完全破去。這次經歷了點蒼山坐關苦修，功力大進。也是一上來要給鬼母點顏色看看，更不答說，加持寶杵一舉，化作金龍，直向法臺飛去。又一張口，噴出一顆紅珠，朵朵烈焰從珠上飛起，散向四方，那厲害的黑煞之氣，轟的一聲被點燃了。

黑氣似有靈氣，四散逃走，可是烈焰展眼之間布滿了四方，又不斷飛出新的焰花，不一會兒，黑氣全部消失。只見陣的三個方向都現出一對旗門，各高約五丈。北面一座法臺，臺上，曼陀仙子口吐一道紅光，正勉強敵住加持寶杵，已無心力顧及全陣。觀音見上空一面綠光閃閃的巨網，正緩緩向頭頂壓下，用手連指，千百朵焰花，掉轉頭迎了上去，不一會兒，便把那面綠網燒成了灰燼。

觀音心想，一不作，二不休，趁著只有曼陀一人坐鎮此陣，先將它破了，且看鬼母如何說法。於是暗取經過自己佛法重新祭煉過的紫電鎚；一面手指火珠的烈焰，分三面去燒那三對旗門；一面一揚手，紫電鎚化作一團紫光，向曼陀仙子飛去。

曼陀仙子守這第一陣，原是奉了鬼母之命，藉祕魔黑煞的掩護，倒轉方向，將觀音引入第二陣去。她還未來得及倒轉陣法，便不得不全力應戰加持寶杵。那寶杵本是如來所用的降魔至寶，威力強大，一上手她幾乎被寶杵所化的飛龍抓去護身法寶，幸而避了過去，但法臺上指揮全陣變化的法牌已被金龍口噴的烈火燒毀。因黑煞被觀音輕易地破去。黑煞是鬼母辛苦煉成的至寶，她非常心疼，又怕鬼母怪罪，這才想起來倒轉陣法引敵入伏的事。剛要騰出手來施為，紫電鎚已經打到，這原是羅剎公主的法寶，她並不畏懼，忙使收法去收。誰知此寶已由觀音重新祭煉，哪裡收得回來。眼看紫光如電，擊上身來，忙縱魔光飛起。只聽得一聲大震，法臺被擊得紛碎，三對旗門化風飛去。

曼陀仙子見第一座魔陣由於自己應付不善，被觀音破去，不敢回魔宮，悲嘯一聲，收回紅光飛走了。

觀音見眼前仍然還是那團黑煙，知道魔陣不只一座，一定是陣中套陣。便運天眼通察出了陣門所在，用加持寶杵一指，陣門現了出來。她仍由蓮花托足飛入陣中。陣中沒有黑霧了，但見一座法臺，一個極醜的中年女子坐在臺上。她料定是魔女鳩盤茶，不由得笑道：「鬼母躲了起來，讓你們在這裡獻醜，魔陣原也不過如此。」

誰知那鳩盤茶聽不得這個「醜」字，她獠牙外露，用極難聽的聲音說：「小賤人，入了我的陣中，插翅也難飛走了。」右手舉起法臺上一面權杖，重重一拍。觀時就見當前地面中露出一個頭來，須臾鑽出全身，原來是個夜叉。但見他身高丈餘，混身黃毛，只腰以下圍了塊獸皮，赤髮鋸牙，手持一個鋩角閃光的飛輪。又聽得左右及身後都有動靜，轉身一看，前後左右共四個夜叉圍住了自己。另三個一執巨杵，一持索套，一舉三尖兩刃刀，一步步向自己逼近。

觀音腳下白蓮忽煥奇光，托著她飛身而起。誰知四夜叉同時飛起，仍是四面圍住。鳩盤茶又一拍權杖，上空一片黃雲，當頭壓下，雲中數十口金刀，飛舞而來。觀音微微一笑，口噴火珠，飛起千百朵烈焰，分向四夜叉燒去。四夜叉雖然各持兵器，卻被數十朵烈焰圍住，無法施展，只燒得呦呦怪叫。觀音又用手一拍頭頂，頭上飛起一道金光，將壓下來的黃雲衝散，金刀被衝得反而向法臺上的鳩盤荼頭上落下。同時，觀音再一次暗中放出紫電鎚飛擊鳩盤荼。

鳩盤荼無法援救逃不出烈焰包圍的夜叉，正急得暗中用魔語傳音向鬼母求救，見幾十把金刀飛來，揚手將要收回，卻沒有料到紫電鎚隨在金刀之後，已然飛向頭上。她急忙一旋身，原地轉了個圈，滿身藍光亂迸，合成一個丈許方圓的光幢，護住了身子。哪知護身魔光抵擋不住紫電鎚，紫光一閃之下，藍光被擊碎，化作萬點螢光，紛紛墜落。鳩盤荼怪叫一聲，身化一股黑氣，鑽入地中。

紫電鎚略略飛高一些，二次作勢向法臺擊下。忽有人高喊：「休得毀我法壇。」一聲到人到，一縷黑煙從空中落下，原來鬼母親自趕來了。可是她也未能救下法臺，紫電鎚端的比電還疾，那法臺、連同臺上的法牌和一件鳩盤荼尚未來得及使用的魔寶全被擊碎。嗷嗷幾聲慘叫，四個夜叉也被燒成灰燼。

觀音並未招手，火珠已經自動飛入她口中。只有那紫電鎚，在飛回的途中突然停住了。原來鬼母用手連招，想將它收去呢。它就這樣懸在空中，有時向鬼母那面移幾尺，有時又向觀音這面移動幾尺。看來是二人暗中爭收此寶，而功力又勢均力敵，形成了相持局面。

忽然，一個少女的聲音，喊了一聲「回來」，聲音似乎來自天外，但入耳又十分清晰。紫電鎚掉轉頭向上空飛去，初時極慢，突然一閃不見。自從法臺被擊毀，黃雲又被擊散，此陣已破，故此上空再無攔阻。

鬼母初次向觀音笑了一笑：「搶去的法寶我們收回了，妳的法力不過如此，還敢打賭吧？」

觀音合掌持誦說：「來自何所，去向何方。萬法皆空，無住無藏。」接著笑說：「羅剎公主親臨，收回了紫電鎚，自然我的法力自愧弗如了。她不是要一拳打倒三清李、一腳踢翻九品蓮嗎？至於敢不敢再打賭，我已經破了兩座陣，總不能算我輸了。再打賭的話從何說起，是和羅剎公主另行賭賽嗎？」

鬼母強辯說：「我這陣圖是一座主陣，四個配陣，配陣是引妳進入主陣的，破了何足為奇，賭賽指的主陣。」

觀音說：「妳那另兩座配陣不如收了，既困不住我，被我破了，妳又說賭賽不算數。免得再有魔女受傷，可否？」

鬼母陰惻惻一笑：「傷我魔女、擒我愛兒的事，不久妳就要後悔了，要進主陣，隨我來吧！」她雙手四下指劃了一陣子，袍袖一揮，一聲雷響，現出兩個高約十丈的旗門來。向門裡望，雲煙滾滾，鬼母當先，飛了進去。

觀音並未當即隨著入陣，她在白蓮花上盤膝入定片刻，額上填著的旃檀般若珠忽現七色奇光，接著光華斂去。就這樣一現一收三次，連光華帶珠全都不見了，觀音便收了白蓮，緩步走入了陣門。她一入陣，滿陣雲煙全部散去，空蕩蕩地，只面前有一面大圓銅鏡虛懸空中，觀音剛向鏡中注視，銅鏡立刻隱去，化作一大團清光，光中逐漸現出山川、屋宇、人物來，且似走馬燈般不斷變換。

拾肆

捨身試五刑

觀音一上眼便明白清光中的人物正是自己，從在妙莊王宮中降生到長大，遭受父王冷遇，到斷手剜眼給父王醫病，一段一段映現出來。觀音雖知這都是幻相，可是自己只要睹物懷舊，一動情，元神便被攝入鏡中，此身任憑鬼母擺布了。當下不動聲色，運起禪定之功，雖然像是目注鏡中，內心卻如古井，微波不起。

過了一會兒，清光中一片煙雲，煙雲散去之後，鏡中又現出雪山之景，正是與大荒神鬥法的那一段。當鏡中居然現出只有自己與大荒神才知道的小木屋中交歡的一幕時，手上所戴的無相環碧光一閃，觀音便知有天魔在身旁窺伺了。她微一舉手，映著碧光看清了天魔位置，一張口，火珠帶著大片烈焰一齊圍了過去。火光中，現出一對極美麗的少年男女，強行衝出火焰包圍，帶著兩聲尖叫，聲音搖曳，頃刻之間，似乎到了千里之外。

只聽得羅剎公主的聲音：「好定力。」魔鏡的清光一閃不見，鬼母卻現身出來，說：「妳向這廂看。」

觀音看時，眼前豎著幾個長木板，自己的弟子惠岸、龍女、白猿，還有青姑、歸明、金兒，雙手雙腳分開，擺成個大字，被長釘釘在木板之上，手腳上受釘之處鮮血淋漓。那白鸚鵡被一條細鐵練綑住雙爪，倒吊在一個木柱上。各人腳下放了一個香爐，飛起縷縷青煙，忉利仙子含笑站在一旁。鬼母一面注視著觀音面部表情，一面大喝「用刑」。

忉利仙子取出一個芭蕉扇輕輕一揮，每個香爐中升起一片火光，向釘著的人及白鸚鵡燒去，很快各人衣衫燒盡，皮肉燒焦，白鸚鵡羽毛全部燒光，木板木柱，變成鐵板鐵柱，連鐵釘一起燒得通紅，呻吟之聲響成一片。

觀音佯裝不忍，以手遮眼。透過無相環的碧光，早已看出是一夥魔女幻化成眾弟子。燒焦的身體也是幻相，便放下左手，不動聲色地看著。

鬼母捺不住了，她說：「妳放出我九個孩子，我把妳的弟子全放了，怎樣？」

觀音取出玉淨瓶，用楊枝灑水，澆熄了香爐中的魔火，又口噴火珠，大片烈焰向被釘在鐵板上的人飛去。那幾個魔男魔女想是知道此火厲害，各自還了原形，化作幾道綠光飛走。只有白鸚鵡，不知鬼母用了個什麼鳥充數，倒是真的燒死了。

鬼母嘬口一聲長嘯，立刻滿陣起了黑煙，黑煙越來越濃，遮得四下裡一片黑暗。觀音試用天眼通觀察，只看出這一片黑暗占地甚廣，暗中似有無數鬼影，正向自己身邊聚攏而來，黑光又宛如實質，周身有壓迫感。原來觀音在入陣之前，已將旃檀般若珠化為大智慧，與自己法身合為一體，故此不怕魔法魔寶侵襲。現在，不知對方是什麼魔法，便打算靜觀一下，於是懸空盤膝入定。這次入定，實是在精練大智慧與法身相合的功夫。所以，不久，觀音周身的壓迫感消失了。她再一次運用天眼通，卻看遠了一些，她看到了忉利仙子正跟鬼母說話，天眼通能同時觀音，她聽到了雙方的問答。

忉利仙子帶著焦慮的語氣問：「黑暗地獄雖然困住了她，可傷不了她，為何不由公主出手呢？」

鬼母回答：「公主是不願意輕易出手的，她就是逃出了黑暗地獄，還有無間地獄。」觀音聽到黑暗地獄四字，一下子明白了。原來她二次去九華山時，曾聽地藏說過，聞聽魔教仿照幽地府設置了各種地獄，威力要大得多。如今定是想以它那些地獄來困自己了，也好，正要借此考驗一下自己的功力有多大的進境。於是手挽真如法訣，一口仙氣噴了出去，旃檀般若珠的七色光華驟然亮了起來，而且七色流轉，最後合成一團極亮白光，越漲越大，那黑暗被逼得向四方退去。觀音正要再發揮慧光威力，將黑暗地獄震散，誰知眼前一亮，黑暗散盡，卻又別是一片光景。

她好似身處在一個大洪爐中，四面都是火光，不過自己周身有豐收光護體，火光已被逼退到十丈以外。她試著走動一下，所到之處，紅光都退去了。她又用天眼通察看，火光似乎無邊無際。她立刻想到了陰曹地府中的無間地獄。處在這個地獄中的鬼魂，無論走到何處，都有猛火燒身。從外面看，這地獄是一個無門無窗的鐵城，裡面卻覺得無邊無際。她心想：幸而我早有防備，今天也讓你見識一下佛法無邊。她先取出玉淨瓶，將腰一躬，立刻身長數十丈，用楊枝蘸了淨瓶中水，向四方撒去。一剎那間，火光盡滅，自己卻似處在一口絕大的鐵鍋下面。

她收了法天象地的法身和淨瓶，取出一物，迎風一擺，立刻成八尺長的九環錫杖。她口誦靈文，然後手持杖頭，向上下四方連指三次，嘩啦一聲，鐵城裂為六片。城外一座法臺上，正坐著鬼母和忉利、鳩盤荼、魔登伽三大魔女。鬼母一見觀音現出身來，用手向命門一拍，泥丸宮中飛起一個尺餘長的赤身女子，周身黑煙環繞，手持一口三尖兩刃刀向觀音撲來。

忽聽有人說：「姑母何必和她拚命！請收回元神，待我會她一會。」觀音聞聲注目，但見就在自己面前，地中湧出一股紅光，原來是一個三層紅蓮寶座，座上一個麗人，周身紅霞護體，但見她：

面目春花比豔，神情秋肅含威。勃然一怒起風雷，要與道佛作對。

千萬妖神聽命，三千魔女相隨。紅霞罩體似晨暉，羅剎公主名諱。

觀音合掌為禮說：「想不到羅剎公主也來參與我同鬼母尊者賭賽之事？」

公主面若冰霜：「今年是妳釋道儒三教五百年的劫運之時，我為什麼不能來東土？我教敢說敢做，絕不像你們如來的假慈假悲、李老君的假清靜、孔丘孟軻的假仁假義。父王本來與如來、李耳約定，三人都不應劫出手。這一劫，李耳倒是守了約，作了縮頭烏龜，偏是妳家如來狡獪，借妳轉世應劫的機會，將幾件他自用的法寶傳給了妳，教妳與我教相抗。這須瞞不了我。姑母與妳賭賽，是姑母的事。妳傷我五蘊神魔、傷我天魔、逼走曼陀，毀我無間地獄，還用如來的缽兒收了我九個表弟，我就來領教一下妳那幾件佛門法寶。也算得妳教說的有業必有報了。」

觀音沉思了一下說：「公主現在雖無教主之名，卻算得上貴教的掌教。如果不捲入這五百年一劫，天上、中界、地獄一片祥和之氣，不也是莫大的功德嗎？」

公主冷笑一聲：「妳既然想追尋人天的祕奧，陰陽的契機，我也不妨略為指點妳幾句。天道有剝有復，眾生有善有惡，世人有賢有愚，這是造化所鍾，不是妳教我教所能改變的。只說這中界人間，便充滿了貪嗔詐惡，哪來的祥和之氣？任其自然，必然是善人死絕，惡人充斥人間，所以我教入世，收去應劫之人，正是為了維持人間善惡賢愚的均衡。妳那如來是個大騙子，用救苦救難這些好聽的話頭騙那愚民，無非圖的是布施、供養。沒有愚民布施，只怕佛教早餓斷種了。依妳我教義，誰供養你們，誰就是積了大功德。哄哄愚民容易，妳如今倒在我面前鼓唇弄舌，說什麼教我修積功德，忒也無知狂妄。」

觀音反駁：「公主所說，乃是一面之詞。誠然世人有貪嗔詐惡，正因如此，我教才以無邊佛法去渡化他。貴教不分青紅皂白，不論賢愚善惡，利用水旱兵疫，一體大肆殺戮，豈能算得救世？公主說我教虛偽，我佛主張救苦救難，親自捨身飼虎，難道也是假的？」

羅剎公主意味深長地笑了一笑：「我若說是假的，只怕妳又有言語辯解。今天我也與妳賭賽一下。就賭賽妳能不能捨身。妳要能甘受我教下五種刑罰而不告饒，我立刻回山，讓過妳這一劫，五百年後再會。可是只要妳忍受不住，一喊饒命，便算妳輸了，從此永為我教魔姬。這也算是妳捨身除卻人間一劫，功德莫大焉，妳可願意？」

觀音問：「我就這般赤手受妳魔刑？倘若妳趁我不抵抗之際，將我擒入魔宮，豈非受了妳的騙？還有，要忍受多久才算忍受得住，也得有個時限。莫非每種刑罰旋上一年半載，拖延我去救人苦難，讓我耐不得，就算我輸了？」

羅剎公主冷笑一聲：「妳把我教中的法力看得太小了。妳可以用法寶護身，但我施的刑罰，自有辦法讓妳感同身受，法寶絲毫減輕不了妳的痛苦。我考驗的只是妳的定力。每種刑罰的時限是兩個半時辰，到時妳耐得住，刑罰自會停止。一旦妳耐不住，只消喊一聲公主饒命，我也止住刑罰，不過那時妳已應了魔誓，想不由我擺布，也不行了。」

觀音前前後後想了一下，料知她的魔刑，必定十分惡毒，非同小可。但是倘若自己用定力守住心神，休說十二個半時辰，就是三日、五日，她也休想讓自己求饒。又想，受這魔刑，定有說不盡的痛苦，佛祖說自己要應劫，想必為此而言，但是真能捨身除卻此五百年一遇的大劫，自己自是當仁不讓，否則又怎當得起大慈大悲四字。一切想定，便說：「我願意與妳打賭，妳施法吧。」

羅剎公主說：「妳先放起護身法寶，莫說我打妳個措手不及。」

觀音便放起大智慧光護身。為了羅剎公主有那感同身受的話，便不趺坐入定，而是直立在當地，看她怎樣施為。

羅剎公主袍袖一揮，要是旁人，只是覺得眼前一花，便到了另一處地方，觀音運天眼通，卻看出她是把一團黑氣由遠處移來，黑氣一散，自己已置身於一間大屋之前，屋門上血字大書：寒冰之獄。羅剎公主又一拂袖，獄門洞開，觀音已被移入獄中。只見一個絕大水池，滿貯清水，但寒氣凜冽，砭人肌骨。又見鳩盤茶用鐵索牽進一個人來，對面而立，其面目和自己完全一樣。

鳩盤茶說：「觀音賊人，認清了，這也是妳的本體法身。」說完手中多了一根黑色軟鞭，向那人來背一鞭，觀音便覺得自己背上中了一記，火辣辣的疼。鳩婆茶命令那人把衣服脫光，走入池中。取出把扇兒搧了一搧，一陣陰風吹過，池水慢慢結起冰來。那女子剛走到腰際被水淹沒處，便四面被冰膠住，走不動了。觀音自她入水以後，便覺得雙腿奇冷，然後一直冷到腰間。慢慢地似乎連血也被凍凝，這才知道感同身受的滋味。

鳩盤茶再用扇一搧，又湧來一大股水，慢慢將那女子上身淹沒、凍住，只留下一個頭在冰外。鳩盤茶踏冰而上，拽住女子頭髮使她仰面向天，櫻口大張。用手一指，一股水向她口中灌去。觀音立刻覺得寒水也灌入自己口中，五臟六腑都凍成了冰，說不出的難受。想吐出火珠抵擋一陣，卻凍得口都不能張開。漸漸覺得周身麻木，徹裡徹外，彷彿失去了自己。

過了一會兒，鳩盤茶行法，堅冰逐漸化成了水。觀音身子便由麻木轉為內外像有幾萬根針在各處拈刺一樣，疼得抖個不停。這時鳩盤茶說話了：「這種刑罰還得反覆一千次，小賊人及早求饒，少受痛苦。」觀音卻守定心神，毫不理睬。

果然鳩盤茶又一次化水為冰，又化冰為水，反覆了不知多少次。每次化凍時，觀音便覺針刺般疼痛之感增加一分。每次反覆，那惡婆娘便問一次是否求饒。觀音只不理她。

時間似乎過得異常地慢，好在觀音定力深邃，根本不去想何時才能捱過時限。倏忽之間，大智慧光閃了一閃，觀音身上一切苦痛全消，眼前已經沒有寒冰地獄，只有羅剎公主一夥人，還有那個和自己痛苦相通的女子。

羅剎公主說：「妳熬過這一劫，倒並不出乎我意料之外，要不我怎麼給妳預備了五套天刑呢。以後，一套比一套難熬，妳可仔細了。」

觀音暗中一試，法身絲毫沒有受傷，心中大定。為了不讓羅剎公主窺探出自己的虛實，仍是一言不發。

第二道魔刑是陰火蝕體之刑。

鳩盤荼叫那借體代形的女子高舉雙手，然後用鐵鉤穿透她一雙手掌，高高吊了起來。羅剎公主向鬼母一點頭，鬼母張口噴出一道綠陰陰的光，見風化為綠火，一分為二，向女子雙腳燒去。

先是僅僅圍住她兩足，直到足踝，觀音便覺得自己雙足也被燒烤。這火灼傷皮膚固然疼痛，但更似鑽入了骨髓之中，炙乾了骨髓，一種難以名狀的痠痛傳遍了全身。良久良久，女子雙足被燒成了白灰，陰火便燒到了小腿，觀音覺得自己的雙足好像也失去了。接著燒完了小腿、大腿。那火燒得女子腹部的油脂直往下滴，觀音感同身受。這時，鳩盤荼又來勸說觀音投降了。

觀音仍自不予理睬。又不知過了多久，觀音忽覺周身疼痛立止，看那女子，已被放了下來，周身仍是完好無損。

第三套、第四套魔刑更為殘忍毒辣，乃是受解體粉身的痛苦。施刑之前，羅剎公主說：「妳倒是有些定力，看來這感同身受之法，奈何不了妳，我就讓妳嘗一嘗真身與替身一體的借體即真大法了。」一說完取出一面小鏡子，分別向觀音及代形的女子一照，二人的影像都被攝入鏡中。羅剎公主咬破中指，一滴血彈向鏡面上，真假觀音立刻合為一個，血滴化作血光，將影像罩住，又全被影像吸入。公主口誦魔咒，用手一指，那影像又分成兩個，分別向觀音用代形之體當頭罩下，立刻與本身合而為一。

觀音一見羅剎公主不惜損耗本身真元行法，便知道這一次來勢非同小可，連忙合掌恭誦般若波羅密多心經。甫及誦完一遍，鏡中飛來的影像已經附上身來，當時打了一個寒噤，心智似明似昏，昏時便以為自己已成為魔宮侍女因犯了宮規，正受魔刑懲戒；明時便意識到正與羅剎公主賭賽，千萬要忍住一切痛苦，不可出言求饒。幸虧有這一遍心經護住靈智，在身化肉泥之時也沒忘賭賽之事。

鬼母見公主施為停當，大喝一聲「行刑」。過來兩個魔宮力士，都身長一丈，面目獰厲，赤了上體，腰間圈著獸皮。二力士一人揪著代形者的頭髮，三把兩把撕去衣衫，一人豎起一塊大木板，用長釘釘住她兩耳、兩肩、兩手、兩肋骨、兩胯骨、兩膝、兩腳；那邊觀音雖在寶光護體之下，也覺身體一涼，衣衫自行飛去，接著，凡是代形替身被釘之處，自己都感到無比疼痛，身體也直挺挺地被無形之釘釘住，一動也不能動。一個力士用一把小刀，一隻一隻將代形人兩個眼珠挖出。

觀音眼前一片昏黑，兩隻眼珠自動掉落。接著覺得下巴被人打掉，一個什麼東西揪住舌頭，越拖越長，一下子被從根割掉，當時痛得昏了過去。不知過了了多久，才甦醒過來，覺得受釘之處，雙眼、舌根都不痛了。睜眼看時，自己與那代形人身體好好的，只是全身裸著，各站立在一個大木盆中，頭髮全被剃得精光。

鳩盤荼正站在面前問：「小賤人，這滋味不好受吧，趕快向公主告饒，不然，那剝皮抽筋之刑，要叫妳親身嘗試了。」等了一陣，觀音仍自不語。

那醜魔說：「分開作兩次行刑，讓小賤人睜開眼睛見識見識，再讓她身受其苦。」

一個力士緊緊抱住代形女子使她站直。另一力士削去了她頭頂一大塊皮，用手撐成一個大洞，鳩盤荼取了一個滿盛水銀的碗，向皮膚洞中倒去。另一力士用手拍打她全身各處，停了一會說：「水銀走遍全身，皮肉已經離開了。」鳩盤荼說：「把她肉身取出來。」那力士便手法熟練地用一雙大手各握住她一雙腳用力壓擠，不一會見她雙腳已經成了空皮囊，頭上灌水銀處卻冒出一團通紅的肉來。原來皮膚肉身已經分開，肉身自下而上被擠出身外了。力士從踝骨處向上壓擠，女子的小腿、大腿便成了鬆垮垮的兩個皮口袋，她的頭和頸項，已整個鑽出灌水銀的洞來，沒有皮膚裡著，露出鮮紅的肉，只剩耳目口鼻還像個樣子。

那力士又改變了手法，雙手一會兒拍打左右兩胯，一會兒拍打她陰阜豐臀，到得拍到她後背雙乳處，又改換手法壓她雙手兩臂。就這樣，一直到把整個人體全抽出來，一整張人皮口袋委頓於地，無皮的肉身走了幾步也倒了下來。

鳩盤荼喊了一聲「抽筋」，一個力士按住無皮的身子，一個用小刀在她雙足底部各挖了一個血洞，伸進手去，一會兒抽出兩根亮晶晶的筋來，越抽越長，最後崩崩兩聲將筋拽斷。力士捧著人皮和兩根筋跪在鳩盤荼前獻上說：「行刑已畢。」

鳩盤荼對觀音說：「輪著妳了，妳是不是想嘗一下這奇妙的滋味呢？這回可不比替身受刑，妳有感應，卻是要親身受一遍。妳說，告饒不？」

觀音早已運行了一遍禪功，知道剜眼割舌皆是虛幻。就算剝皮抽筋之刑直接施加到自己身上，最後法身依舊能夠還原，雖然免不了周身受那魔教力士拍打揑弄，只要看作魔劫，不以為辱，也無法奈何自己。倒是隨身法寶不能被他們搜去。便暗中將全部法寶放在如來的金鉢盂內，隱去形跡，虛懸於半空之中，然後，平靜地答道：「我既然應承以身試刑，任憑你們施為便了。」

鳩盤荼下的第一道命令是：「先把她身上所帶之物全部搜出來。」然而任憑那魔宮力士將觀音衣衫一件件解去，反覆搜檢，卻一無所獲。氣得鳩盤荼說：「行刑越慢越好，叫小賤人受夠了罪，看她能夠熬刑到幾時。」力士得令，果然慢慢地擺布觀音。

觀音親身試刑，其痛苦百倍於替身行刑；特別是肉被從皮囊中擠出之後，鳩盤茶又用三百六十根魔針刺入全身，奇麻、奇癢、奇痛，折磨得幾番暈厥，又被業風吹得復甦。然而元靈不昧，始終一聲未出。相較起來，抽筋之刑，就算不得什麼了。

第四道刑，鳩盤茶奉鬼母之命揮開替身，單獨命觀音受刑。兩個力士，先將觀音釘於木板上，用陰火燒盡周身毛髮，用刀兒剜去手足指甲，然後移來一盤有兩個磨眼的大磨，磨眼之間，刃朝上橫著一口冷森森的利刀。他們將觀音雙足各塞入一個磨眼之中，慢慢推起磨來。觀音只覺得自足尖至腳踝，在雙磨旋轉之下被磨碎，連碎骨之聲，都能聽到，便暗中將元神藏入泥丸宮中，粉身碎骨的疼痛依然可以忍受。只在雙腿磨碎之後，下體一陣奇疼，幾乎忍受不住。原來那把刃口向上的刀，正往她上半身慢慢鋸為兩片。以後雖然在磨那上半身五臟六腑，她的神智越來越清明，而且逐漸不覺得痛苦了。只聽得羅剎公主嘆了一口氣：「魔刑反而增長了她的道力，撤去魔刑，這一劫讓她一步算了。」話語剛畢，觀音恢復了原身，石磨不見了。

九子鬼母說：「稟公主，最後一套大歡喜之刑，只要她願意一試，便保不住清白之身，不應撤去。」她一拍手，空中降下二十名高大男魔。她對觀音說：「妳如果不願意與他們共參大歡喜禪，求饒就可以保住清白，意下如何？」

觀音只低眉合掌說了兩句：「以身消劫，是大功德。」

羅剎公主卻對觀音說：「這場賭賽止於此吧！」

觀音一笑說：「不，賭賽並沒有完結。」搶先一步，一拍命門，立刻現出三頭六臂的法身，那些法寶便已收回，她執定九環錫杖、三寶如意、火珠和加持寶杵，準備四寶齊施，給羅剎公主一個厲害。

誰知羅剎公主似乎看穿了她的心思，一揮手，二十個惡魔和借體代形的女子都不知去向，她說：「這場賭賽，暫時算妳贏了，不過，這最後一套天刑，你終賴不掉，只好下一個五百年再要妳還這筆債好了。」她又對鬼母說：「姑母，妳們不用賭賽了，妳也收了陣法回去吧。對了，要救回九位表弟，不過，那缽盂不甚容易對付，望妳小心。」說完，滿山都是紅光，紅光斂去，她和幾個魔女都不見了。

九子鬼母對觀音說：「公主在這一劫中讓了妳一步，五百年中，由妳占住普陀，妳也風光夠了，把我那幾個孩兒放出來吧。」

觀音似有所聽，住了一會兒，才說：「爭輸論贏，是妳們逼著我作的，如今我也不覺得風光。妳那九個頑皮的兒子我沒有力量放，卻可以指給你一條明路。不過，先借問一件事情，這次鬥陣法，為何不見太陰聖母？」

「我發現她對我教三心二意，若沒有陰魔暗制，說不定就去普陀山投奔妳了。因此我把她鎖在了陰風洞。公主走得匆忙，沒有帶她去，少不得我將她送去領罰。」

「我勸妳不要把她送交羅刹公主，不然，令郎難以放出來了。妳放出她來，收回附身的陰魔。我將佛祖的金鉢盂交給她，妳同她一齊去靈山，佛祖一定看在她面上開鉢放出妳兒。她乃天府神鳥，理應歸入我教的。」

九子鬼母愛子心切，只好去陰風洞將太陰聖母帶了來，觀音用無相環察看，見附體的陰魔已去，便取出金鉢盂，說出了事情的來龍去脈，並且告訴太陰聖母，鉢盂是佛祖自用的法寶，不論何人，膽敢生心截奪，必被吸入鉢盂之中。去了附體的陰魔，太陰聖母心府靈明，她對觀音和南頂禮，極為至誠。然後依著觀音指教，與鬼母相偕飛往靈山。以後，青鸞與九子鬼母全都皈依在如來座下。

拾伍 太武滅佛

脫了這一劫，觀音先去五臺山會了文殊，又去峨眉山會見了普賢，告訴他們恒山赴約的結果，也得知四大魔女摩登伽和忉利仙子已經不再往五臺和峨眉騷擾。當她去九華山將九環錫杖交還地藏時，地藏告訴她，聽諦聽說，有個有緣之人正在天臺山定光佛那裡等著她，勸她先去天臺，走上一趟，再回普陀。

觀音心中本來只想著一件事，五百年一次的天魔混世大劫，竟然由自己的捨身禦劫消解了，雖然自己受了仙佛也難以忍受的魔刑和侮辱，但佛祖曾勉勵過「離辱離垢，護法祛魔」，身受越慘，功德就越大，因此對羅剎公主所預言的五百年後補受淫辱之刑，也就不放在心上。

魔劫既已祛除，當前的要務自然是早日建立道場，布道說法，令弟子輪流出山行道，弘揚佛法，所以急於回轉普陀。定光佛卓錫天臺山，她早知道，但又知道他多年來一直閉關苦修，不大與聞外界的事，甚至於這一次四聖東來禦劫，也不聞不問，他不知何事要見自己，比較起來，也許是不急之務，因此告訴地藏，暫時不去天臺山會見定光佛。

伏在地藏腳下的諦聽忽然抬頭叫了幾聲。地藏笑道：「諦聽說，在天臺山等待相會之人，與妳大有緣法，還是去一趟為好。」

觀音到了天臺山，越過華頂峰絕頂，向山陽飛去，她曾去惠岸昔年所闢的洞府住了幾天，乘機環山考察過一遍。山南有一處清音峪是四面懸崖抱著的小山谷，沒有樵徑可下，站在四面的山頂也難望見峪內風景，遊人以為是一處絕境，偏是有些樵子說，曾聽見下面有人唱歌，東晉之初，佛教未曾遍行諸縣，無人懂得那是梵唄之聲。雅士聞知，起了一個峪名。觀音察知上空是由佛法封鎖。回普陀後，以佛法推知，那是定光佛修練之處。此次便是向那裡飛去。她到了清音峪上空，不打算衝破封鎖而下，連喊三聲「觀世音前來拜會定光師兄」，立刻白雲如匹練般捲起，她飛身而下。

以觀音的功力，不借天眼通，已然看清了下面只是一個數十畝方圓的山谷，但碧草芊綿，到處點綴著似錦繁花。一條小溪，縱貫南北，卻流入東南角處，來不知所自來，去不知所自去。最奇的是，四山絕高，這谷底宛如一口深井。天光透下不多，光明卻不遜山外。她還看見，東壁之下，約有四、五丈見方，石壁凹進，就像一個淺洞，洞底甚平，一個老僧坐在蒲團上，身旁侍立一個年約十餘歲的小沙彌，正在目注自己，卻一動不動，似乎正等著自己前往見禮。觀音知道打坐者為定光佛，他修行甚勤，不來迎接自己，想是還未出定，於是按下祥光，降落在距離那天然石龕不遠之處。

她剛落下，忽聽一人說道：「是妳，害得我難以回山去見教主，索性把這法身捨與妳，另赴輪迴吧！」一道紅影，猛向自己周身罩來。觀音已經辨認出來人竟是羅剎公主教下四大魔女之一的曼陀仙子，不知怎地卻等在定光佛潛修之所來尋自己拚命。對方勢來得太急，那旃檀般若珠自動化為大智慧光飛起，先護己身，幾乎同時，把曼陀仙子罩在慧光之內。再定睛看時，那曼陀雖說捨棄法身不要，來襲擊自己，實際上她的法身在東方較遠之處跏趺而坐，撲入自己慧光之中的竟是她的元嬰，正自滿面端肅，面對自己而坐，雙目垂簾，也在運用佛門禪定之功哩。

觀音在忍受四道魔刑之際，已經增強了定力和智慧，這時覺得定光佛正在用禪功與自己通話，頃刻之間已明白了這位師兄邀請自己來此的緣由。

原來曼陀仙子在第一陣被觀音用紫電捶擊碎法臺，又破去鬼母辛苦煉成的祕魔黑煞氣後，覺得無顏與鬼母相見，便飛出天幽谷去。後來一想自己雖敗，也應該向鬼母處投到才是，似這般落荒而逃，大有背叛本教的嫌疑。羅剎公主對手下的心狠手辣，自己素所深知，眼下真是進退維谷。正在惶惑之時，鼻端聞到一陣白蓮花香，一片極淡的金光擁著自己不知向何方飛去，聽得有人在耳際說：「老友勿憂，且來我清音谷小住，一定給妳覓一個安身立命之處。」

佛光迅速，不久她降落清音谷中與定光佛相見。定光佛未歸釋教之前，原與曼陀仙子同為通天教主門下，二人相見，定光佛首先告訴曼陀，她與魔教的因緣已盡，自己奉了佛祖之命接引，以後必成正果云云。

曼陀問，自己是否要拜在定光佛門下。定光佛連忙辭謝，說依自己之見，最好曼陀與觀音同修，以師姊妹相稱，在東土弘教。曼陀答應了。定光佛又告訴曼陀：「觀音師弟所佩旃檀般若珠，乃是佛祖昔年護身降魔之寶，珠光照處，以佛法入定，可以增進本身功力，也可以消去妳久沾染的魔煞之氣，免除妳成道時的一劫。我傳你佛門定慧之法，再讓她用寶珠助妳，她不收妳入門也不行了。」曼陀甚喜，二人定下計策，果然當曼陀以元神裝作向觀音偷襲之時，觀音立即放出珠光，遂了曼陀之願。

觀音與定光佛心靈相通，二人不落言詮，一齊張目，遙遙相視一笑。

為了消去魔教影響，觀音入定七天才收去佛珠。曼陀覺得心地靈明，當下謝了觀音，表示願意為比丘尼。當下由觀音為她落髮受戒，法名就叫曼陀，並且讓她代替靈兒坐守天臺山的洞府，坐關苦修。但是，曼陀沒有立即離開清音谷，卻到石龕之中，與定光佛、觀音密談，說了一件事，二人吃了一驚，商議一陣後，向她表示感謝，送走曼陀，決定由觀音向佛祖通誠，請求由自己消解此事。

原來羅剎公主明修棧道，暗渡陳倉，由魔教在這一劫內，分幾次選派魔頭經輪迴去人間為帝，遇有機會，用人王之力，在國內毀寺滅法。這雖然不比水旱兵疫，使黎民受災，但是一旦得逞，對佛教來說，是一大劫，不但四菩薩弘法之功付諸東流，還會引起佛道二教的爭鬥。正因借帝王之力滅佛，消除此劫甚為不易。觀音通誠之後，辭別定光佛，回轉普陀。

眾弟子見師父回來，甚為歡躍，又聽觀音簡略告知捨身消除魔劫的事，更加讚歎佛法無邊。青霞仙子聞知太陰聖母也皈依佛門，十分欣慰。觀音考察了眾弟子修練的進境以後，並未把曼陀泄機、魔教陰謀滅佛之事對他們說，只說，從此與他們安心在此修行，並且輪流派弟子下山救苦救難的宏願。

這時正是東晉中期，佛法已經南傳江東。觀音幾次化身普通僧人，到都城師建康的瓦官寺掛單，一方面揀些戒律精嚴、苦修定慧的僧人暗中渡化，一面考察朝廷中從皇帝到內閣大臣情況。她考察了穆帝、哀帝、廢帝、簡文、孝武幾個皇帝，見他們大抵都是昏庸苟安之人，但也沒有廢佛滅法的跡象。她知道，如果魔教派遣的魔頭經過輪迴、入帝王家，為帝也許窮兵黷武，也許殘忍好殺，卻絕不會庸庸碌碌，聽憑大臣操縱，玩之於股掌之上。朝臣們中，幾個南渡後執掌朝政的大家族：琅琊王氏、太原王氏、陳國謝氏、高平郗氏、潁川庚氏、荀氏、譙國桓氏等，雖然大部分世代信奉天師道，有的因此不信釋教，但也只是釋道兩教之爭，似與魔教的陰謀無關。

她順便到各地的寺廟中，就便考察一些有名的僧人。江左，朝廷治下的揚州的名山廬山、豫章、荊州、江陵等地。其中依師傳之法虔修、奉小乘教的頗多，幾個名僧，如支遁，觀音以為他只能算是外道。因他曾把佛教教義融入《莊子．逍遙遊》，講給喜歡三玄（注十四）的名士聽，那不能算是弘揚佛教。

而另一個慧遠，在廬山傳毗雲學。觀音曾經化身普通沙門前去聽經，便認為他與支遁不同，是真正弘揚佛法的，便略顯神通，使他知道自己是奉佛旨東來的四菩薩之一，教他去于潛縣青山精舍聽竺法曠講《法華經》和《無量壽經》。當時不能告訴他魔教會借人王之力滅佛僧的事，卻讓他廣泛宣揚沙門只敬佛，不敬王者。後來慧遠在廬山結白蓮社，終於成淨土宗的始祖，他的《沙門不敬王者論》影響深遠，以致梁武帝三次捨身同泰寺。北朝魏太武、周武帝兩次滅佛，沒有影響到南朝。

當時北方是「五胡亂華」時代，出了幾個強悍的皇帝，特別是後趙的石勒和前秦的苻堅，觀音親自去北方考察了一陣。開始，認為他們是魔教派遣下凡布災造劫的，便與在北方建立道場的文殊菩薩會面商議。文殊不知道曼陀所說的羅剎公主的陰謀，但是他是有名的大智尊者，他告訴觀音，石勒已死，此人生前雖好殺戮，但是禮敬沙門佛圖澄。

另一個強者苻堅禮敬大德釋道安，還曾經派人去請另一大德僧鳩摩羅什，所以他二人都算不得是魔教人物，事關魔劫，雖然難以推算，但是羅剎公主頗為狡獪。一劫五百年，她未必在開始的幾年實行她的陰謀，說不定等到一劫的中段甚或末段才派魔頭下凡，好使觀音四人疏於防範，以達到她的目的。文殊又說，既是魔劫，就必得應驗一下，事先防不勝防，就算靠著無邊法力，一時能夠防止，以後必會有更大、更厲害的魔劫出現。過去的幾次與魔教較量，其結果總是有應劫的，而最後卻是我教得勝。最好聽其自然，不必事先講求防止之策云云。

觀音對於這位師兄所說的劫運之來未必在這幾年的說法，很是同意。但是對於聽其自然的說法卻不以為然。當時為了尊敬師兄，不曾多說什麼。回到普陀之後，暗自參悟，覺得就自己與魔教的幾次交鋒而言，雖然一次捨身馴服大荒神，一次甘受魔刑，又是捨身加上忍辱，戰勝了羅剎公主，若是都聽其自然，不聞不問呢？豈非就無法消除四大魔女擾害本教的大劫。佛旨命自己等人來東土，就有降魔禦劫的囑咐，文殊師兄智則智矣，總不免令人覺得在救助眾生方面做得不夠。

她決定自行其是。於是出山行道的次數越來越多，眾弟子也都輪流化身下山，不計功德大小，遇著苦難就伸手救助。所以，東來四、五十年之間，救苦救難觀世音的名號已經在江左之間廣為流傳。

因觀音不願意聽其自然，曾幾次虔心入定推算到底滅佛滅法的事應在哪一代皇帝身上，總推算不出結果，最後一次，在向佛祖通誠之後，得到一點徵兆，似乎這次魔劫，應在北方，並且也許在幾十年之後。

果然大約五十年平安的過去了。

觀音和曼陀站在恒山絕頂玄武峰向西北方遙望。天幽谷中當年鬼母所建的魔宮早已不知去向了。曼陀已經成道，具備了佛教莫大的智慧、定力和神通。她一身灰衣，頂有戒疤，神態安定，成了一個有道的比丘尼，只是凝神北望。過一陣，她說：「阿姐，魏國都城平城望到了，我的道力不夠，宮城一片模糊，看不清楚。」

觀音說：「師妹，妳把元神附在我身上，用我的天眼通再看一下。」

曼陀盤膝坐地，安然入定，觀音用手一拍頭頂，打開天眼。

停了好一陣，曼陀張開雙目，緩慢站起。她對觀音說：「不錯，這個皇帝是魔宮弟子轉世的。」

觀音自己用天眼通看了一陣說：「我怎麼一點也看不出來他有什麼與眾不同的地方。」

「阿姐，妳仔細看他的兩眉之間，有一個極淡的黑點，那是大阿修羅教下弟子都有的，修羅漢果之後，修羅舍利才自行消去。」

觀音又仔細看了一下，說：「師妹，妳自己回普陀吧，我在北國設法化去此劫。就算不能完全化解，也要減輕一些災劫。」

「要不要我留下助妳一臂之力，有時候我能讓他聽我的話，再不行，我去找一下忉利妹子，向公主求求情。」

觀音說：「這是佛門的一劫，羅剎公主策劃了多年，妳怎能去求情？恐怕她們要用魔刑對付妳呢。這一件事妳不要牽扯在裡面了。」

觀音從恒山一直飛到平城，化身一個中年貧婦，在城中乞討，每到晚間，便找一個偏僻無人之處入定，推算魔劫何時來到，起自何事，發自何人。

曼陀所說的那位皇帝，她已經見過，兩眉之間修羅舍利，黑點已經快要透出皮膚之外了，觀音知道，一旦它成為面上的黑痣，魔劫就要發動了。她意外地又發現另外有一個額間有修羅舍利的人，袖中占算，因劫難將臨，觀音佛法又高於往昔，算出了他便是引發劫難的人，他名叫崔浩，官居侍中、特進、撫軍大將軍、左光祿卿。他原來是儒生，以祕書郎入仕，魔教門下卻以儒、道兩教的面目出現，獻計滅佛。如果沒有曼陀仙子事先泄漏機密，豈不引發了儒、道、釋三家的明爭暗鬥，魔教反而隔岸觀火，坐收漁人之利？

觀音又暗中考察了天師寇謙之，發現他倒確實是天府仙人，因過失謫降人間的成公興的弟子。雖然以道家服食養生之術受到皇帝拓跋燾的信任，卻沒有興道滅佛之心，便打算勸他共消魔劫。

寇謙之的天師道場在平城是個人人都知道的地方，因它有五層重壇，在幾乎全是平房的北魏都城中就是巍峨的建築了。有四十個弟子隨他住在道場中，出入簇擁，很有威勢，但在夜深他禮拜星斗之時，壇上就只有他一人了。這天午夜，他祭拜北辰七星將要完畢之時，剛由五體投地勢站起、似起之時，眼角餘光中看到天樞方位有一點金星出現，似向自己飛來。

他剛一起來，眼前一片金霞斂處，多了一個人，定眼看時，是一個年輕女子，容光照人，卻更令人覺得眉目之間，一股慈祥謙和之氣。他以為是天府仙人降臨，便恭敬地問道：「上仙降臨中界，不知有何事見顧？」

觀音說：「我乃釋教教祖派來東土的觀世音，並非貴教屬下的仙人，不過這次來見檀越，確實有大事相求。」

寇謙之一聽是佛門弟子，又有事相求，立刻顯得傲慢起來，冷冷地說：「貴我兩教各自傳布，互不相謀，何事求著貧道？」

觀音心平氣和地說：「檀越說得好，既然知道兩教可以各自傳布，何必令弟子崔浩在人王面前鎮誹謗我教？」

寇謙之淡淡地說：「那是崔浩對貴教有反感，他以為沙門所言佛法，華夏自古所無，實為虛誕，因此勸當今皇帝，奉我三清大教。」

觀音說：「人王願意信奉貴教，那也是貴教緣法，我教願意聽其自然，不過，崔浩並非單純誹謗我教，還蠱惑當今皇帝要禁絕我教，因此，特地來見檀越，就算有所求於貴教也罷，望你制止此事。」

寇謙之還是顯得無動於哀：「這是崔浩的意思，我沒有叫他這樣作，可也不能全聽道友的話無端制止他。」

觀音正色說：「紅花白藕青荷葉，三教原本是一家。借魔教之力，禁絕我佛教，檀越可知道那後果嗎？」

寇謙之有些憤怒：「休得用什麼前因後果嚇我三清教，道祖法力無邊，並不畏懼你教如來。崔浩也不是魔教弟子。」

觀音說：「檀越不信，可以跟我到幾個地方走上一走，我來證明給你看。」說完，一揮手，寇謙之只覺得眼前一花，已經到了一處地方。定睛看時，原來是崔浩府中的書房，原來崔浩還未睡，正在觀書。觀音已經用無相佛光隱住二人身子。她搖手示意寇謙之不要作聲，手一指，一團極祥和的佛光照向崔浩。說時遲、那時快，崔浩忽然雙目發呆，狀似失神，但一聲爆響，他眉心之間忽然飛出一個黑珠，化作一團黑氣，迎住觀音那團佛光。觀音低聲對寇謙之說：「檀越認得嗎？那黑珠名叫修羅舍利，凡是魔教弟子必有一顆。」

寇謙之道法不高，雖然知道魔教弟子必有修羅舍利這一說，但是覺得崔浩身屬北方名族後裔，儒學世家，平素溫良恭儉讓，怎會是魔教門下？他倒有些懷疑觀音為了貶低道教，用上了什麼障眼法，說不定此女倒是魔教中人物，便暗中施為，手挽鬪魔真訣，腳下禹步，猛地一揚手，一道白光罩向觀音。觀音在他禹步行法時，已經明白了他的用意，卻不說破。

寇謙之用了鬪魔天心正法後，再一看，真個嚇了一跳，原來觀音還是一派慈祥風度，那崔浩卻變為一個赤髮碧瞳、闊口獠牙的魔頭。

寇謙之正在目瞪口呆，觀音收了佛光，崔浩的修羅舍利又凝聚成珠飛回，他的面目也漸漸恢復了原狀。寇謙之又是眼前一花，已經回到了他的道場中的禮星壇上。

觀音說：「適才檀越懷疑我是魔教人物，不得不現出法身來，並非賣弄，使檀越知道我的身分，才好協商共同消除這次魔劫。」說完，頭上陡然現出七色奇光，映照之下，越發顯得寶相莊嚴。她又用手一拍頭頂，立即現出三頭六臂的法身，六臂所持的幾件法寶，霞光萬道，哪裡是魔教的法寶所能比擬。

於是寇謙之方知自己的傲慢與孟浪，簡直不得一哂。忙請觀音收起化身，恭敬地說：「小道無知後輩，得識菩薩金身，幸何如之！怎樣消除魔劫，就請吩咐，小道惟命是從。」

觀音想一想，取出一支信香說：「請天師多勸一勸崔浩，不要再詆毀釋教，也請便中勸一勸此國皇帝。萬一他們不聽勸告，知道他們有禁絕我教的舉動時，望將這信香點起，我立刻到場，共商消解的辦法。」

這位魔頭下凡的皇帝拓跋燾下令禁絕佛教，竟然是從一件偶然事件引發的。他西征蓋吳，到了長安，在一間寺裡養馬。一天，他去看馬，隨人們發現一間屋裡藏著弓箭矛盾等武器，據說還有一間屋子是為了和城裡貴族家女子淫亂準備的。拓跋燾得知此事，異常憤怒。崔浩乘機勸他殺死長安的僧人，毀壞所有佛像。還要降下詔書，叫全國各地照此辦理。

寇謙之知道這件大事時，詔書已經起草好了，就要發往四方。他阻止已經來不及了，趕緊焚起信香，沒多久，觀音就趕到了長安。

寇謙之告訴觀音：「詔書一旦頒到各地，立即就要捕殺沙門，毀寺焚像。還有，嚴令各地不得藏匿沙門，有私自收藏者，全家誅殺。我倒想不到崔浩如此狠毒，疏於防範，如今災劫已成，無能為力了。」

觀音沉思了一下，說：「災劫之來，既不能事先阻止，只好事後盡力補救了。如今，寺廟佛像，實在無法保全，只好多救人。請問天師，朝中可有什麼尊重我教，又有力量延緩一下詔書的人？」

寇謙之想了一想，遲疑著說，只有留京城監國的太子，「不過，遠水不解近火啊！」

觀音來不及用無相神光隱跡，滿天金光一閃，她已向普陀飛去。到達之後，召集眾弟子及曼陀，匆匆地說了以上事項，然後命大家分頭飛往北魏境內各州郡，化身往各寺院勸眾僧急速棄廟逃跑，揀安全地方隱藏起來。為了取信於他們，不妨各顯些神通。普陀、日月、天臺三處暫時封閉，只留下白鸚鵡守山。

各弟子分頭飛之後，觀音首先飛往平城，三十三化身一齊出，傳出滅佛詔書的內容，到底搶在了前面；雖然有些愚僧，貪圖寺產而不走，慘遭殺身之禍，到底救出了大量僧人。據《魏書・釋老志》的記載：「緩宣詔書，遠近皆豫聞知，各自為計，四方沙門，多亡匿獲免。在京邑者，亦蒙全濟。」

注十四：魏、晉以易經、老子、莊子為三玄。經常研究、談論這三部書的，被稱為研究「玄學」。

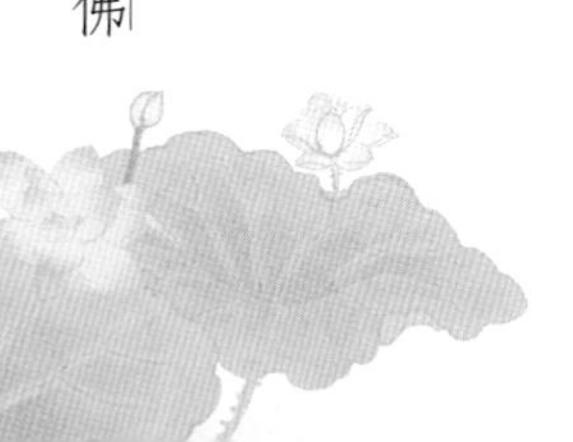

拾陸
三寶三清
爭勝

從魏太武滅佛之後，過去了大約二百年。北朝，多數皇帝敬禮三寶。文殊以為這是佛法當興於中國，聽其自然所致。觀音的做法與他不同，仍然到處救苦救難。文殊有一次在九華山地藏處嘲笑這種做法，以為往往為了匹夫婦的一場病災，或在生死關頭，只要一念救苦救難觀世音的名號，就去救助，便是化身千萬也救助不過來，瑣瑣碎碎，功德有些小家子氣。不如自己講經說法，渡化的人多。

地藏口中不言，心中卻以為這位號稱大智的師兄雖然其智不可及，卻也不可學。自己如果學他，就不必到地獄中渡那些受苦的鬼魂了。他還知道，南朝佛法的興盛，遠遠勝過北朝，說什麼四百八十寺，是指大廟名剎而言，其總數至少有幾千。特別是觀世音的救苦救難名號，幾乎家喻戶曉。都知道遇到災難時，誦讀《觀世音經》（注十五）。這些，自己甚為欽佩。

此後二百年間，南贍部洲的中華大邦發生了變化。南北混一了，又建立起大唐王朝，經歷了幾百年的戰亂，黎民終得安居樂業。觀音不再那麼急於奔走救難，得以清修了。可是在弘揚佛法方面，她遇到了一個難題。

這回不是魔教混世，倒是釋、道兩教競爭起來了。為難的是，皇家又捲了進去，不是一代皇帝，而是世世代代。就因皇家姓李，道教的教主也姓李，兩下裡竟然聯起宗來。貞觀皇帝都說是一個英明的皇帝，可是他下了一道詔書，規定道士、女冠的地位在僧、尼之上。雖然比起魏太武的大殺沙門要好一些，但是給弘法崇教帶來了不少阻撓，有些沙門改而信奉道教，特別是女道士氣焰高張，有時公然毀僧罵佛。

皇帝不殺僧、尼，觀音無法用對付拓跋燾的辦法應付。這個皇帝顯然也不是魔教弟子轉世。連文殊這個大智的尊者也說不出剝極必復聽其自然了。

雖說沙門不拜人王，連觀音這位法力高強的菩薩也無可奈何了，只好回到靈山向佛教祖求援。佛祖早已算出了前因後果，派遣二弟子金蟬子投生東土，又借著涇河龍錯行雨為魏徵所斬，使皇帝遊冥府，還陽後大作道場，引出了金蟬西天取經。就在唐僧取經經歷八十一難、行程十萬八千里中，觀音遇災消災、逢難救難。終於功德圓滿，取來真經，不但唐皇從此虔信釋教，觀音也收了守山大神和善才童子。幾番法身顯現，在人間留下了真形，從此民間圖影塑像供奉，就有千手千眼、白衣、水月、魚籃、楊枝淨瓶、送子等形象。

山中歲月有異人間，光陰似箭卻少有滄桑之感。佛法弘揚之後，觀音多命弟子下山濟世救人。時值大唐昌盛之時，沒有刀兵疾疫大難。有些地方有水旱之災，朝賑濟不到之處，觀音就命弟子分頭去往地方大官、一方豪富之家化緣，或親身顯化，示以佛門靈異，令大的寺院拿出積年施主們布施的財帛糧米，廣施賑濟，雖然不能使受災之處戶戶安泰，也總能使災情大減，一兩個豐年之後，黎民又恢復了元氣。

一天，文殊菩薩、普賢菩薩一同到了普陀島，觀音令眾弟子拜見之後，文殊退去弟子們，只與觀音、普賢去到紫竹林中議事。觀音已經知道這位師兄智計過人，到普陀來一定有事相商，而且必是什麼疑難的大事，於是只靜靜地等待文殊發話。

文殊一開口便是驚人之語：「二位師弟，可知我教又要面臨劫難了嗎？」

普賢一向樸訥寡言，以故只有觀音問道：「莫非那羅剎公主又將不利於我教？」

「倒不是，此劫眼前與魔教無關，卻是三清教下的事。二位可知道那個隱於恒山混沌初開時的白蝙蝠精嗎？他故示靈異，化名張果先生，引得當朝天子把他請到長安，尊他為通玄先生。他又把葉法善、羅公遠這兩個道士引入朝中，這倒也罷了。無耐他說當今開元天子是天府元始孔升真人下凡，理應弘揚道教。我怕再演一次魏太武和周武的滅佛故事，故而來與二位師弟相商。怎麼高法消除這一劫。」

觀音聽了有些不以為然，一則距離上次魔劫只有四百多年，羅剎公主就算大舉派遣弟子下混世，大約也在百年以後；再則這位開元天子既是元始孔升真人降世，提高道教地位倒在意料之中，要說毀佛滅法，尚不至於。便將這層意思說了。普賢同意他的看法。文殊卻說：「微風起於末，有時災劫之來，常無徵兆，不如防微杜漸為好。縱使開元天子不會心生滅佛，也該顯點靈異給他看，他同時禮敬三寶。」觀音一聽，頗為佩服師兄的智慧，便問：「如何弘揚三寶，師兄想來已有成算？」

「用最直接的方法，開元天子不是喜歡招致異人嗎？師弟可以派一個弟子去長安找那張果老兒鬥法，不須傷他，但是一定顯出佛法無邊來讓皇帝看看。為什麼要派妳的門下弟子去呢？上次金蟬子師弟化生玄奘到靈山取來我教真經，一路由妳護法，世人皆知。後來妳在長安示現楊枝菩薩化身，吳道子傳其形於人世，這些事，開元天子都知道。張果、羅公遠他們也不敢譭謗妳派去的人。」

大唐開元八元，在南海廣州有一神僧自言是天竺人，航海來東土傳道，法名金剛智，玄宗派人迎入東都洛陽。這時鼎鼎大名的通玄先生張果和葉法善正在長安弘揚道教，居住兩地，各不相擾。後來金剛智去長安譯經，雙方在天子面前會過幾次面，也辯論過幾次佛道兩教，誰能有助大唐安邦定國，一向崇道抑佛的唐玄宗，這次不知為何，表示了不偏袒哪一方。不久，張果堅決要求回恒山，葉法善居然羽化而登仙。又來了一個道士羅化遠，自稱天仙降世，曾經以法術引天子入月宮。但是，最後得罪了天子，借法術逃出了宮。

誰也不知道，在長安，暗中進行了一次佛、道二教的鬥法，三位道教神仙退出了長安，是不得已也是不甘心的。

這一年，關洛一帶，從正月到五月未下一場雨，二麥歉收不說了，秋禾再不收，東、西兩都就要出現大饑荒。開元天子先請葉法善仙師在西都結壇祈雨，沒有滴雨降落。又請張果在東都結壇，同時祝禱華岳大神金天王，結果只在東都求下一場略濕地皮的雨。後來，後宮最得寵的武惠妃提出來，應該請金剛智禪師祈雨。

誰料禪師對使者說：「天象原本無雨，貧僧借佛家法力，可回天心，降下一場透雨。但近來葉法師與通玄先生，常在陛下面前誹謗我三寶。因此，只有他們二人承認無法求取甘霖，所降之雨是我僧人祈求得來之後，貧僧才應詔，也不必結壇，就在所居寺內施法，必有應驗。」

使者回奏玄宗皇帝之後，張果與葉法善都說，天帝降災，兩、三月之內不應有雨，金剛智也不能回轉天心。但是，金剛智禪師奉詔之日，竟獲三天喜雨。兩都黎民知道了此事，都傳說禪師乃是菩薩轉世。

雨霽之後一個夜晚，金剛智禪師正在西都薦福寺坐禪。門開處，一個面目清秀的小道童閃了進來說：「家師通玄先生及葉法師請禪師駕臨紫閣峰一會。」

金剛智知道自己盼望的一天到了。回答說：「上覆尊師，半個時辰後，貧僧必到。」說完繼續安禪。半個時辰後出定。心念動處，人已落到紫閣峰頂，月光之下，見張果與葉法善乘雲冉冉而來。

三人口字形站立峰頭，張果首先開口：「道友此次為蒼生求得及時之雨，貧道甚為敬佩。但是不該逼人太甚，顯示我教無能。我教乃是國教，今後教我等如何立足？」

金剛智禪師合十口誦佛號：「二位素常在人皇面前誹謗我教，張揚三清法力。是貴教先逼人太甚。」

葉法善平素詆毀佛教最厲害，不願再談，搶著說：「過去的事，再提起也無味。今日請禪師來，是想見識一下貴教法力，倘若鬥法不勝，我等認輸回山。反之，禪師也請自何處來，回何處去，如何？」

金剛智說：「小僧遵命。不過，鬥法一事，雖然選了這個僻靜之處，也以不駭世驚俗為好。那些移山倒海、降龍伏虎之術，大約一時也難以分高下。貧僧愚見，釋道二家，均修有元神，我們就以元神比個高下，如何？」

張、葉二人商議了一下，回答說：「好。」各自用手一拍天門，立刻頭頂上各飛起一個小道士，長有尺許，手中持一小劍，發出十丈白光，直射金剛智。金剛智也一拍頂門，頭頂飛起一個小和尚，手持禪杖，杖頭放出十丈金光敵住。雙方光華一開始都是有進有退。半個時辰過去，金光漸長，白光漸縮。直到兩道白光縮到丈許長時，金剛智突然收回元神，張、葉二人元神也自復體。

張果說：「我等不日即當辭闕還山；不過，禪師到底是何人，可否告知？」

「貧僧，南海普陀山觀世音大弟子，法名惠岸。」

「後會有期。」張果冷笑一聲，與葉法善飛走了。

又過了大約一年。

在恒山條谷藏真洞中，張果與過從甚密的地仙鐵拐李、鍾離權三人似在閒談，又似在議事。首先，鐵拐李說：「我已經得見天府玉籙，李炎明年應為天子，只是歷數不長，只有六年的福命，怕做不了這件大事。」

張果哈哈大笑：「六年已盡夠了，我早有準備，已經派鍾離道友的弟子呂洞賓下界幫助趙歸真接近李炎。一旦他作了天子，必定把趙歸真召入宮中內道場供奉。只要洞賓顯現一點仙術，使那皇帝對我教堅信不疑，滅他釋教，只在三、五年之間。」

鐵拐李有些不悅：「滅他釋教，說得輕鬆。釋教傳入中土快一千年了，你能滅掉它嗎？就算將之逐出中土，教祖怪罪下來，你我三人，哪一個敢承擔？」

張果連忙點頭：「道兄說得不錯，我的本意，只是給他釋教一點顏色看看，並非使他教在中土不能立足。煩鍾離道友告誡洞賓，千萬勸皇帝不要妄殺一個僧尼。還有，兩都及各州都給它留下一兩座寺院，幾十個僧人，他教佛祖問起來，就推說皇家嫌他僧尼遍國中，不耕不織，全靠兩稅戶供養。耗蠹天下，才勒令眾民，與我道家無關。洞賓只是背後策劃，又不公開出面，諒他們也無話可說。」

李鐵拐問：「為何不派韓湘，而派呂洞賓去？」

鍾離權說：「洞賓是我新收弟子（注十六）。莽撞一些，情有可原。韓湘的叔祖是韓愈，不但闢佛，也闢我道教。他去勸當今天子毀寺逐僧，獨尊我教，人家不信，怕給他們釋教留下把柄。」又補了一句：「這是張果道友的策略。」

鐵拐李又囑咐了一句：「洞賓為人輕薄，告誡他莫惹出事來。」

次年，李炎受宦官擁戴，作了天子，年號會昌。即位不久，就把道士趙歸真等八十一人召入宮禁之中，在三殿修金籙道場。這位會昌天子，在三殿的九天壇，親自接受趙歸真代表道祖頒下的法籙。第二天，又從南嶽衡山請來道士劉玄靖充崇玄館學士，賜號廣成先生。會昌四年，以趙歸真為西都左右街道門教授先生。每次召見，趙歸真總是請求禁止釋教發展，原因是「非中國之教，蠹耗生靈。」而每次都舉出不同的例子。就連趙歸真的眾弟子也不知道，每次召對時的話都是七十二弟子中最年輕、容貌俊秀但沉默寡言名叫呂岩的人所教，因此總是「奏對稱旨」。

會昌五年七月，下了一道敕旨，令臣下議並省天下佛寺。中書省擬定的辦法是：上都、東都請留十寺，地方上，上州各留一寺，下州一個不留。御敕批下：上州寺廟，建築好的留下，破落的就不必留。上都、東都，左右兩街各留寺廟兩所，每寺留僧三十人。

八月，制書詔告天下，除了說「僧徒日廣、佛寺日崇」帶來的弊害是「勞人力於土木之功，奪人利於金寶之飾……一夫不田，有受其饑者；一婦不蠶，有受其寒者。今天下僧尼，不可勝數，皆待農而食，待蠶而衣。寺宇招提，莫知紀極，皆雲構藻飾，偕擬宮居」之外，還舉出：「其天下所拆寺四千六百餘所，還俗僧尼二十六萬五百人，收充兩稅戶。拆招提、蘭若（注十七）四萬餘所。收膏腴上田數千萬頃，收奴婢為兩稅戶十五萬人。」

這是歷史上有名的「三武滅佛」的最後一次。

就在拆寺廢僧的詔書下達後不久，東都洛陽出了一件奇事。原來洛水從城西南而來，經城南流向東方。河上有座天津橋，是東京河南府監修的，年年夏季水漲，橋常被沖壞，大水一退，府尹必下令屬下的洛陽縣修繕復原。洛陽因工程太大，總是令兩街各寺院攤派工料，洛陽縣出民伕合力完成。東都各寺素日收入豐厚，不怎麼費事，木石等料就置辦齊全。今年卻不行了。兩街只剩下四座寺院，怎麼負擔得了天津大橋的偌多工料！已經到了九月，眼看冬季來臨，天寒地凍，就算水淺一些，也沒有人敢徒涉而過。建橋孔急，東都府尹逼洛陽縣，洛陽縣逼四座寺院。四廟的主持被逼得急了，除了每天禮佛禱告外，聽了一位越州山陰縣某寺來的僧人建議，令全寺僧眾一日三次，合掌高呼大慈大悲救苦救難觀世音菩薩。

兩天以後，城裡的未婚後生都往洛河邊跑，因城裡多處貼了揭帖，道是一位小娘子，以身為孤注，為修天津橋而化緣。她坐在一艘船上，離岸為比臂力所及稍遠一點的地方，大家可以從岸上用銀子投擲，誰先打中她的身子，她便嫁與誰。打她不中的銀子，作為施捨修橋之用，由東都四大寺的住持作公證人云云。不知何人傳出消息，這位小娘子十分端莊美貌，這就難怪公子王孫、各色人家的後生子弟，從一大早就爭先恐後地到洛河邊來了。

這一段河灘比較寬闊，大部分人都能看清河中的船和船上端坐的女子，但見她穿一套縞素衣裳，淡妝互抹，卻有一種天然端莊的氣韻。美是極美，可又令人不敢興起褻瀆的念頭。船離岸不算太近，而不少素以孔武有力自居的人，覺得自己是可以將銀兩投擲到她的坐處的，只是，是否能如願打中她，卻是誰也不敢說有十分把握。

四位主持，兩人在岸上一個步障隔成的「青廬」裡，凡欲投擲者先到那裡登記名字，依次一試。投擲時，先大聲報出自己的名字，以便投中時眾所周知。兩位主持坐在側面的另一隻小船上，一旦有人投中，他們就擊鼓三聲，宣示這位施主捷足先登了。

這種有類於當年高祖皇帝以射中屏上雀目而得貴妻的方法進行了兩天，每天午前兩個時辰，午後兩個時辰，算起來已有數百人試過運氣了。可惜的是，他們投出的銀子，不是因力氣不足落在女子身前的船板上，就是從女子頭上或身旁飛過。有的只差那麼一點點就可以擊中女子。因此有的人再次、三次的「布施」銀子，兩天下來，聚集在河岸的人絲毫不見減少。

第三天，又是十餘人投銀而未中，就輪到一個後生。以前爭相登記的大多是鮮衣華帽的富豪子弟，其中不少是官宦公侯之後，報名時除了姓名之外還要報出什麼三郎五郎十一郎的，以表示高貴的身分。這人卻不同，布衣麻履分明是一個農家兒郎，名字也透露了他的身分，叫王阿大。年約二十左右，容貌很端正，為人似乎很樸訥。投銀之前只簡單說了句：「俺叫王阿大。」所投的是一小塊銀子，飛去時輕飄飄的，誰也料不到的是，銀子卻正打中女子胸前。隨著三聲鼓響，岸上從人齊聲吶喊，宛如雷鳴。

忽然，北方颳來一陣狂風，洛河的水被捲起一丈多高的木柱，掃過小船，大家看得清楚，那女子被捲入洛河之中，便沒有再浮上來。接著，烏雲似奔馬而來，立刻遮黑了天空，大雨飄潑般迎頭罩下，河岸上的人哪裡顧得那小娘子是死是活，紛紛冒雨各自奔回家中。

一場捨身化緣的事就這般地結束了。一個月後，天津橋開始施工，大家漸漸忘了這件事，偶而有人提起，也只是笑那個王阿大，野田家之子也想娶那豔絕人寰的小娘子為妻，正是他衝撞了神道，害死了小娘子，他也必然沒有好下場。這些嫌貧愛富的人卻不知道，出事的第三天，左街大明寺的知客僧找到王阿大家中，對他說：「前日在洛水上，是你應娶那小娘子為妻，無奈她被大風捲入水中，生死難明，我東都四寺主持公議，已經約定的事，不可失信於人。所以讓我送來五十千錢，小哥可以另娶一房妻室。」說完，放下錢走了。

那天王阿大所以能打中船上女子，原是呂洞賓使的促狹。自從皇帝詔書頒下，天下寺院大部分被毀之後，他本應離開長安回山潛修，但是他戀著帝都風月繁華之盛，仍然以趙歸真的弟子身分，住在內道場。這天，他忽然想領略東都的風光，對趙歸真說了，獨自御風東行。到洛陽的當天，就聽說了洛水上那件奇事。次日，他隱身在眾人中觀看。一上眼，他便看出了那女子有佛光護身，猜著不是觀音本人便是她的弟子。想起當年張果敗在惠岸手下的事，不由得起了輕薄的念頭。趁著王阿大投擲銀兩之際，用手一指，以道家的罡氣破了佛光。後來他分明知道女子借水遁遁走，卻沒有拿自己侮辱了佛門弟子當回事，照常在東都遊逛。

約過了十天，東都遊厭了，便駕雲返長安。剛飛離洛陽上空，便覺得身後一股大力壓過來。回頭看時，佛光中一條金龍自身後撲來。他猜到是那天吃了虧的佛門弟子報復來了，忙飛起自身的護身寶劍青蛇去抵。不料那金龍舉前爪一撲，便將青蛇劍擊為兩段，墜向地下。他這才知道對方的厲害，慌得急忙駕雲逃走，金龍則緊躡其後，追了個首尾相連。到了長安，他剛要按雲頭降落，金龍已飛到下面，自下而上一爪抓來，他嚇得已經不辨方向，只管縱雲亡命般飛去。

從此，那金龍如影隨形地追他，他只要飛慢一些或想降落時，金龍便舒爪猛擊。一次，竟將道冠抓下，使得他披髮而逃。就這樣，一連十餘天，呂洞賓連停下來喘口氣都不敢。說什麼「朝遊北海暮蒼梧」，圍著大唐國土，不知轉了多少個圈子。

呂洞賓曾經兩次飛過恒山了，期望張果能出面救他，兩次張果都沒有出面。這回被逼急了，又朝恒山飛去。遠遠看見張果與師父鍾離子並立在玄武峰峰頭，連忙向那兒飛去，剛一落在二人腳下，立刻坐在峰頭喘息不止。張果的漁鼓、鍾離的寶扇，一齊化作寶光飛起去敵金龍，然而不一會兒，金龍一爪拍出，漁光華斂處，落於地上。鍾離子連忙收回寶扇，金龍便又向呂洞賓飛去。眼看牠的前爪就要抓上，空中一聲佛號，金龍一閃不見，飛下了觀音菩薩和鐵拐李。

鐵拐李說：「爾等三人跪聽教祖口諭。」張果等三人連忙跪下。鐵拐說：「教祖諭，道佛二教源雖不同，殊途同歸，爾張果、鍾離權、呂岩，蠱惑人主，教唆滅佛。爾呂岩輕浮魯莽，破壞善舉，侮慢觀世音道友，咎莫大焉。張果、鍾離權閉洞思過十年，呂岩閉洞思過五十年。」宣示完了，又說：「此事貧道亦難辭其咎，謹向大士謝罪。」說完，打了一個稽首。

觀音笑著點了點頭，縱佛光向南飛去。約飛到天柱山時，面前一片黑光，如廣幕般捲了過來。觀音知道是羅剎公主到了，便停雲在空中等待。

注十五：指《法華經》中的〈觀世音菩薩普門品〉。

注十六：據《全唐詩》呂岩小傳：「字洞賓……渭之孫。咸通中舉進士，不第，遇鍾離權，得道。」按，呂渭卒於西元八百年，年六十六，使於此時其孫洞賓六歲，至咸通初年，已近七十歲，不可能更考進士。開成年間，只四十餘歲，正合落第後灰心入道的年齡，故採開成得道之說，而鍾離稱之為新收弟子。

注十七：公家修建的，稱寺；私人修建的稱招提、蘭若。

拾柒
鎖骨菩薩

羅剎公主說：「不要以為妳化解了佛道兩家之爭就無事了，妳還有因果未完。我問妳，那呂岩法力低微，怎能一指之下，破了妳的護體佛光？」

「那定是公主所為了。」

「不錯，五百年前，妳欠著一次魔刑，如今該還上了。不過，我略為變了個辦法。那在洛水欲娶妳為妻的人，有的本來家中有妻，並非誠心。破費一點銀子助妳修橋，倒也罷了。還有幾十人，是誠心想要娶妻，以廣後嗣的。這些人，妳用法力騙了他們，既種因，就難逃結果了。」

「公主以為應當如何了結此事？」

「只有一法，妳化身去洛陽，與他們各結歡喜緣，這也權代妳欠我的那次魔刑。」

觀音正在沉吟，遠處一道青光飛來，原來是業已皈依如來的太陰聖母到了，她說：「這最後一道魔刑嘛，由我代替了。」

羅剎公主問：「各業各報，妳怎能替她？」

「她已歷遍三劫，魔教法力無法加到她身上了。貧尼卻待應了這一劫，才能證菩薩果。」說完向二人一點頭，往洛陽方向飛去。

羅剎公主沉默了一會兒，對觀音說：「恭喜妳啊，在東土，妳的名聲超過老如來了，咱們再一劫會。」

觀音說：「借問公主，妳暗中破了我的法，卻使呂洞賓受五十年閉洞之罰。這段因果該怎麼交代？」

羅剎公主冷冷一笑：「我阿修羅教素來無法無天，你們那因果業報的一套，管不到我們。」說完，身化一點火星，向遙天飛去。但是，她還是聽見觀音送來的一句話：「所以你們永遠是邪魔外道。」

洛陽東市，不知何處來的一個女子，饒有姿色，卻喜與一些少年郎君交往，正直人士以為她有淫行，告誡子弟不可兜搭她。過了幾個月，她忽然白晝坐化於東市。因她無有親人，與她親近的少年在北邙選塊地葬了。

三天以後，一位老僧串弄走巷地大叫：「快隨我去迎菩薩。」不少好事的人就都跟在他後面，人越聚越多。他一逕出城到了北邙那淫女葬地。

老僧用禪杖一指，土墳自陷，棺木飛出。再一指，棺木自裂，露出一具金黃色骨骼。老僧禪杖挑起，眾人才發現了異事，原來那具人骨塊塊互相連鎖，成了一個整體。微一搖動，骨節之間便如鳴玉一般發出輕脆響聲。老僧嘆息一聲：「可惜偌大的東都，卻無人識得妳鎖骨菩薩。隨老僧靈山去者。」一陣香風，都不見了。

滅佛的第二年，會昌天子逝世，皇叔光王忱被立為天子，年號大中。大中元年，開始重建寺院，再渡僧尼。不幾年，佛教重新興盛起來。大中十二年，東瀛一位高僧惠萼到大唐朝拜名山。他在五臺山請了一尊觀音聖像，準備攜帶回國，不料舟行到普陀附近觸了礁，漂泊到潮音洞下。惠萼曾禱告過，願立院在船所住處立蘭若，居民張氏睹此靈異，便讓出房屋供奉觀音聖像，這是普陀建立的第一個寺院，俗稱「不肯去觀音院」。以後，歷經宋、元、明、清四朝，寺庵遍於全山。真所謂「海天佛國，菩薩道場。慈航普渡，功侔人王。」詞曰：

浮世豈如夢？難解是天心。方生方死誰定，何處覓前因？聞道西方聖者，般若慈悲化渡，苦海指迷津。靈跡普陀島，南海觀世音。

玉瓶露，清淨相，白衣身。化身千億，救苦消難媲能仁，內典法華有據，傳說口碑無數，軼事固常新。居士素根鈍，拙筆詎傳神！

後記

觀世音，或作觀自在，是佛教中的菩薩，既非出自中土，又非歷史上實有的人物。佛經中對他的來歷也說得很含糊，妙莊王之女，與毗那夜迦共現雙身，都是後起的說法。特別是其經其事傳入中國後，中國化的傳說，越來越多；歷經演變之後，由男身轉為女身，說法道場也改在中國的普陀島。在中國民間信仰中，她的威信幾乎超過了如來佛與阿彌陀佛。

記載有關觀世音的佛經，最早見於中國的，是《法華經》的〈觀世音菩薩普門品〉，西晉的竺法護和後秦的鳩摩羅什均有譯本。這一品也曾單獨流行，被稱為「觀世音」。記載觀世音靈異的書籍，現已知最早的為劉宋傅亮、張演、蕭齊、陸杲分撰的《觀（一作光）世音應驗記》三種。另外，劉宋劉義慶編的《宣驗記》、蕭齊王琰編的《冥祥記》，其中也記了不少觀世音的事跡（多記南朝事）。趙宋以前，中國文言小說總集《太平廣記》中，專記《觀音經》靈異的有二卷，年代最早的故事發生在東晉中期。可見隨著《觀音經》的傳入譯出，不久就出現了中國化的觀世音故事。唐代以後，觀世音改稱觀音（因避諱唐太宗李世民之名），轉以女身示現，傳說就更多了。

國家圖書館出版品預行編目資料

觀世音傳奇 / 因緣居士著. -- 初版. --
臺北縣板橋市：雅書堂文化, 2009.10
面； 公分. -- (人間傳奇；02)

ISBN 978-986-6648-86-1(平裝)
1. 觀世音菩薩 2.佛教仰錄 3.通俗作品

229.2 98016306

【人間傳奇】02

觀世音傳奇

作　　者／因緣居士
總 編 輯／蔡麗玲
副總編輯／劉信宏
執行編輯／莊麗娜
編　　輯／方嘉鈴
封面設計／林佩樺
內頁設計／林佩樺
出 版 者／雅書堂文化事業有限公司
發 行 者／雅書堂文化事業有限公司
郵政劃撥帳號／18225950
郵政劃撥戶名／雅書堂文化事業有限公司
地　　址／台北縣板橋市板新路206號3樓
電　　話／(02)8952-4078
傳　　真／(02)8952-4084
網　　址／www.elegantbooks.com.tw
電子郵件／elegant.books@msa.hinet.net

總 經 銷／朝日文化事業有限公司
進退貨地址／235台北縣中和市橋安街15巷1號7樓
電　　話／Tel：02-2249-7714 傳真／Fax：02-2249-8715
2009年10月初版一刷　定價／200元

星馬地區總代理：諾文文化事業私人有限公司
新加坡／Novum Organum Publishing House (Pte) Ltd.
20 Old Toh Tuck Road, Singapore 597655. TEL：65-6462-6141
FAX：65-6469-4043
馬來西亞／Novum Organum Publishing House (M) Sdn. Bhd.
No. 8, Jalan 7/118B, Desa Tun Razak,56000 Kuala Lumpur, Malaysia
TEL：603-9179-6333 FAX：603-9179-6060